ON TOURNE LA PAGE

50 ACTIONS À PRENDRE POUR SORTIR LE SÉNÉGAL DE SON PÉTRIN

MADOU SYLLA

PRÉFACE

Penser global et agir local !

C'est assurément le fil conducteur qui a gouverné la pensée de l'auteur. Partant d'un diagnostic réaliste de la situation du Sénégal, Madou Sylla fait des propositions qui exigent le pragmatisme et le courage comme premiers intrants de la révolution transformationnelle nécessaire à plusieurs niveaux de notre cher pays : institutionnel, éducatif, du secteur productif etc.

Par exemple :

- Oser le virage ou le saut pour quitter le modèle d'éducation synonyme d'impréparation et d'inadéquation à la réalité du nouveau monde commandé par les technologies à l'avancée fulgurante
- Aller vers de nouvelles formes de production agricoles et industrielles gages de développement durable soutenu par un écosystème économique favorable ouvert sur le monde
- Contracter un pacte social novateur pour l'éclosion d'un nouveau type de citoyen jouissant d'un cadre de vie décent et soucieux du respect de l'ordre et de la loi

Des défis qui restent toutefois à notre portée. Le potentiel existe. Il s'agit maintenant d'organiser l'interaction intelligente entre les avantages humains et physiques dont regorge le Sénégal et la pertinence des propositions de développement endogènes ou exogènes.

Plus que tourner la page, cet ouvrage est une invite à fermer le livre de nos insuccès pour emprunter une trajectoire révolutionnaire.

INTRODUCTION

Même avec ses nombreux avantages, le Sénégal continue d'endurer une situation très grave. L'ensemble de ses éléments structurels est gravement vicié, ce qui entraîne le chaos que nous, Sénégalais, vivons quotidiennement. Il est temps que nous tournions la page vers une nouvelle ère. Il est temps que nous écrivions un nouveau chapitre de notre histoire. Ce sera difficile, mais possible si nous avons le courage, la discipline, et si nous nous mettons au travail immédiatement. Si nous ne le faisons pas maintenant, les choses vont empirer. On peut même se transformer dans l'avenir en une nation instable accablée par le désespoir, et les dépressions économiques constantes.

Ce livre couvre 50 actions spécifiques que nous pouvons entreprendre pour tourner la page et amener notre pays dans une nouvelle ère remplie d'opportunités, d'espoir, de sécurité, d'ascension sociale de notre peuple, et de prospérité économique.

<u>Ces 50 actions sont axées sur ces 7 éléments suivants</u> :

I. CRÉER UN NOUVEAU MOTEUR ÉCONOMIQUE

Le premier chapitre expose les problèmes fonctionnels actuels auxquels nous sommes confrontés sur le plan économique et propose des solutions spécifiques pour relancer notre économie affaiblie. Il met l'accent sur la nécessité de :

1. Orienter l'économie sénégalaise vers les projets verts
2. Initier une révolution de la production alimentaire à travers la technologie
3. Exporter notre production agricole
4. Modifier la mission des ambassades et consulats
5. Développer un avantage concurrentiel dans l'agriculture
6. Créer un nouveau modèle bancaire et changer de trajectoire
7. Créer un bureau national de crédit
8. Punir sévèrement les acteurs malhonnêtes qui cherchent des prêts
9. Aider les banques à devenir plus efficaces
10. Établir une politique budgétaire expansionniste
11. Réduire considérablement les trois principaux taux d'imposition
12. Établir une politique de zone libre d'impôts de 5 ans pour les nouvelles entreprises
13. Établir une politique monétaire expansionniste
14. Construire de nouvelles autoroutes et chemins de fer
15. Créer une obligation gouvernementale pour financer l'investissement des routes et chemins de fer
16. Investir universellement dans l'internet à haut débit

II. DEVENIR UNE NATION DE PATRIOTES

Dans ce chapitre, nous examinons comment le manque général de patriotisme sape les institutions vitales dont nous avons besoin pour créer un pays prospère. Il met également au défi chaque citoyen de prendre l'engagement de patriotisme qui est structuré autour de ces principes fondamentaux :

17. S'engager sincèrement à l'idéal du patriotisme

18. S'engager à maintenir sa communauté et son pays propre
19. S'engager à ne pas accepter ou offrir de pots-de-vin
20. S'engager à ne pas commettre d'actes criminels
21. S'engager à être respectueux
22. S'engager à accepter la diversité
23. S'engager à voter
24. S'engager à aider ses concitoyens
25. S'engager à protéger les animaux
26. S'engager à respecter nos autorités
27. S'engager à respecter et à suivre toutes les règles civiques
28. S'engager à aimer son pays

III. CRÉER UN NOUVEAU SYSTÈME ÉDUCATIF

Nous décrivons ici comment notre système éducatif actuel ne prépare non seulement pas nos enfants aux carrières de l'avenir, mais aussi engendre la pénurie actuelle de main-d'œuvre hautement qualifiée. Il propose des changements structurels que nous devons mettre en œuvre dans nos programmes scolaires et aussi les domaines sur lesquels nous devons nous concentrer :

29. Éduquer pour l'avenir
30. Rêver grand pour nos enfants
31. Activer un processus éducatif élargi
32. Engager les organisations dans le système éducatif
33. Concentrer nos enfants sur la science
34. Concentrer nos enfants sur technologie
35. Concentrer nos enfants sur l'ingénierie
36. Concentrer nos enfants sur les mathématiques
37. Concentrer nos enfants tôt
38. Créer un centre national de formation professionnelle

IV. CRÉER UN NOUVEAU CONTRAT SOCIAL

Dans cette section, nous soulignons la nécessité pour le pays d'avoir un contrat social avec ses citoyens. Ce contrat permettra à chacun de gravir l'échelle sociale sur la voie de la sécurité financière et d'une vie plus fructueuse. Pour élever tout le monde, nous devons :

39. Augmenter le niveau de l'éducation nationale
40. Augmenter les emplois qui nécessitent une haute compétence
41. Augmenter le niveau des salaires
42. Fournir des services médicaux abordables

V. DEVENIR UNE NATION DE LOI ET D'ORDRE

Ce chapitre explique comment la conscience générale de la nation est défaillante et comment les lois sont souvent honteusement ignorées. Il propose des mesures spécifiques que nous pouvons prendre pour assurer la transition vers un pays où la corruption est moins répandue et où le respect des lois établies est globalement assuré. Ces mesures sont les suivantes :

43. Créer une force d'intervention de lutte contre la corruption
44. Instituer un système de permis à points

VI. CONSTRUIRE DES VILLES INTELLIGENTES

Nous savons tous que les conditions de vie au Sénégal sont très difficiles, car certaines zones, comme la capitale, sont surpeuplées, tandis que d'autres n'offrent aucune possibilité de logement adéquat ou d'opportunité économique. Ce chapitre démontre comment la construction de villes plus petites et plus intelligentes sera le fer de lance du développement économique global et de la qualité de vie de chaque citoyen. Pour y parvenir, nous devons :

45. Concevoir un nouveau système de vie
46. Construire un nouveau modèle de maisons

VII. CRÉER UN NOUVEAU SYSTÈME DE GOUVERNANCE

Enfin, ce livre aborde les symptômes de la mauvaise gouvernance et la manière dont elle a entravé l'ascension du Sénégal dans ses éléments structurels clés. Pour activer la bonne gouvernance au Sénégal, nous devons :

47. Renforcer la notion de responsabilité dans notre gouvernement
48. Renforcer la transparence financière dans notre gouvernement
49. Bâtir une saine gestion au sein du gouvernement
50. Construire un modèle gouvernemental fondé sur les résultats

CRÉER UN NOUVEAU MOTEUR ÉCONOMIQUE

Tout d'abord, établissons notre situation actuelle. La disposition économique du Sénégal peut se résumer en une nation de commerçants. La majorité des participants actifs à l'économie achètent en grande partie des choses et les revendent. Nous importons de la pacotille produite par d'autres pays et la revendons entre nous. Cette approche économique ne crée pas de richesse. Elle fait circuler le peu d'argent disponible au Sénégal parmi la population. À ce rythme, nous serons à peu près dans la même situation dans 20 ans.

<u>Quelques chiffres à prendre en considération.</u>
- Taux de croissance réel du PIB : 7,2% (2017 est.)
- PIB (parité de pouvoir d'achat) - réel : 53,704 milliards de dollars (2019 est.)
- PIB - par habitant (PPP) : 1 583 $ (2019 est.)
- Produits agricoles : arachides, millet, maïs, sorgho, riz, coton, tomates, légumes verts ; bovins, volailles, porcs ; poisson
- Taux de croissance de la production industrielle : 7,7 % (2017 est.)
- Population active : 6,966 millions (2017 est.)
- Main-d'œuvre - par profession :
  - Agriculture : 77,5%
  - Industrie : 22,5%
  - Industrie et services : 22,5 % (2007 est.)
- Dette publique : 48,3% du PIB (2017 est.)
- Exportations : 2,362 milliards de dollars (2017 est.)
- Exportations - partenaires : Mali 14,8%, Suisse 11,4%, Inde 6%, Côte d'Ivoire 5,3%, Émirats arabes unis 5,1%, Gambie 4,2%, Espagne 4,1% (2017)
- Exportations - produits de base : poisson, arachides (arachides), produits pétroliers, phosphates, coton
- Importations : 5,217 milliards de dollars (2017 est.)
- Importations - produits de base : aliments et boissons, équipements, carburants

- Importations - partenaires : France 16,3%, Chine 10,4%, Nigeria 8%, Inde 7,2%, Pays-Bas 4,8%, Espagne 4,2% (2017)

Source : CIA World Fact Book

<u>Quelques conclusions de base que nous pouvons tirer de ces chiffres :</u>

- La majorité des personnes qui sont actives « techniquement » travaillent dans le secteur agricole (70%) et vivent à l'extérieur de la capitale. La majorité des personnes qui vivent à Dakar sont au chômage et se livrent à de petits métiers comme le petit commerce pour subvenir à leurs besoins
- La dette publique est près de la moitié du PIB du pays. Par conséquent, nous pouvons imaginer comment d'autres pays ont un énorme effet de levier sur la façon dont les choses se font dans le pays. Ils nous contrôlent essentiellement.
- Nous importons deux fois plus que nous exportons. C'est la réalité économique la plus critique au Sénégal. Nous sommes essentiellement une nation d'acheteurs.

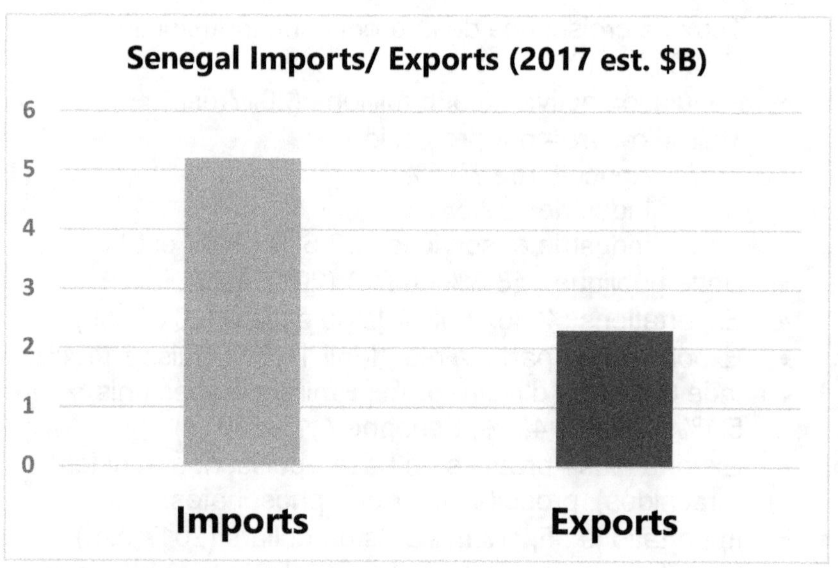

Pour tourner la page, nous devons changer radicalement le système économique structurel au Sénégal.

1. ORIENTER L'ÉCONOMIE SÉNÉGALAISE VERS LES PROJETS VERTS

Alors que les futurs cycles écologiques et économiques sont ponctués d'une variété d'incertitudes, d'énergie et de ressources, le développement durable continuera de prévaloir en tant que question de plus en plus importante et auquel sont confrontées les économies mondiales et les sociétés en général. Au cours des dernières décennies, les membres de la communauté scientifique ont mis en garde les décideurs politiques et le public contre les menaces posées par la consommation rapide de ressources de nos sociétés, et l'impact que ce modèle pourrait en fin de compte avoir sur la capacité de la planète à maintenir une qualité de vie élevée pour ses occupants.

Ce n'est que récemment, cependant, que ces appels à l'action ont été considérés avec une réelle inquiétude à grande échelle. Les pays au niveau collectif viennent de reconnaître que les ressources sont consommées plus rapidement qu'elles ne sont produites. Cela est précisément semblable à l'investisseur malheureux qui épuise ses réserves de capital à un rythme plus rapide qu'il peut fructifier ses intérêts. De même, les tendances économiques commencent à répondre à la prédiction imminente selon laquelle des mesures correctives doivent être prises afin d'éviter une crise ultime. Cette réaction est un clin d'œil au fait immuable que nous pouvons plus épuiser nos ressources : terres agricoles fertiles, eau potable, etc. - à un rythme plus rapide que nous pouvons les remplacer.

Introduisons le concept de l'autosuffisance et de la durabilité. Du capital est maintenant déployé pour financer l'investissement dans le développement de solutions durables aux moyens de production conventionnels comme jamais auparavant. Il s'agit notamment d'une foule de nouvelles technologies qui non seulement aideront à surmonter les pénuries éventuelles de ressources naturelles, mais ouvriront, dans de nombreux cas, la voie à des développements révolutionnaires. Ce changement dans l'approche générale se traduira par d'immenses économies par rapport aux moyens, méthodes et techniques conventionnels.

La question de la « durabilité » se base sur l'idéalisme respectueux de l'environnement, les économies de coûts et le pragmatisme logistique. Toutefois, la solution prendra la forme de techniques « vertes » qui offrent une réduction substantielle de la consommation d'intrants rares et de ressources limitées.

Non seulement les projets écologiques sont prometteurs pour résoudre les problèmes environnementaux, les questions de rentabilité ou de malnutrition, mais ils offrent également de nouvelles possibilités d'investissement aux entrepreneurs et aux entreprises. Le Sénégal doit non seulement contribuer à des solutions telles que protéger les ressources limitées, mais aussi participer aux marchés émergents en attirant les entrepreneurs et les investisseurs qui comprennent que c'est la voie de l'avenir. Il s'agit d'une proposition attrayante pour diverses raisons, notamment l'engagement de ce marché d'investissement en herbe avant qu'il ne soit saturé de capital de risque, mais aussi la création d'une richesse de connaissances explicites et tacites grâce à l'expertise et la spécialisation dans l'industrie du développement durable.

Mieux encore, les différents secteurs qui composent l'industrie du développement durable, dans son ensemble, sont vastes et offrent un éventail d'opportunités tout en atténuant les risques par la diversification. Des années d'examen attentif et de recherche de l'industrie ont été nécessaires pour décider ce qui est important lors de l'élaboration de modèles d'affaires « verts » et durables. De plus, comme ces technologies se complètent souvent dans le domaine pratique, leur disparité n'a pas à les exclure de l'avantage d'avoir des attributs inter fonctionnels.

L'industrie financière mondiale commence, également, à répondre à la demande croissante d'investissements en capital dans le développement durable. De nombreuses grandes institutions financières et bancaires internationales ont constitué des divisions spécialisées dans les énergies alternatives par exemple. Il y a des compagnies d'investissement qui se spécialisent entièrement dans la technologie verte. Le Sénégal doit reconnaître cette nécessité de saisir et d'élargir les opportunités que les technologies vertes offrent aux investisseurs et aux parties prenantes. La mission globale du Sénégal doit valider la nécessité de leur vision et valoriser la taille de ce marché et son augmentation spectaculaire et exponentielle dans les années à venir.

La Progression de la Technologie Durable

En matière de durabilité, certaines technologies, produits et services se combinent pour se compléter mutuellement en offrant des économies importantes par rapport aux méthodes conventionnelles de développement et de fourniture de sources d'énergie alternatives et renouvelables. Prenons par exemple les tendances récentes de l'architecture qui reconnaissent les techniques de conception des bâtiments d'il y a un siècle, lorsque l'énergie et la climatisation n'étaient pas des options pour réglementer les températures intérieures. Les architectes ont accordé une attention particulière à l'emplacement des fenêtres, à l'aménagement, à la façade du bâtiment et le flux d'air afin pour profiter de l'éclairage naturel, du refroidissement et du chauffage. Les techniques de construction durables sont réintroduites dans la conception classique pour profiter de la nature de la même façon au cours des dernières années. Cette approche économe en ressources est non seulement un effort pour démontrer la responsabilité environnementale, mais aussi pour réduire les dépenses en réponse à des coûts opérationnels plus élevés. Le but de cette illustration est de souligner que le motif du profit est souvent aligné avec les processus et la durabilité écologique.

Technologies Vertes et Commerce

Avec l'augmentation du prix de l'énergie et des matières premières, le commerce doit réagir en créant les mêmes types d'efficacité dans l'approvisionnement des biens et services sur le marché. Lorsque les prix du carburant ont augmenté à cause de facteurs économiques associés à la récession mondiale de

2008, les prix des produits alimentaires et autres biens de consommation ont aussi augmenté en corrélation. Les coûts de production ont également augmenté le prix des intrants bruts tout au long de la chaîne de valeur. Des prix plus élevés pour les produits agricoles tels que les viandes, légumes, et les produits laitiers ont obligé les restaurants à augmenter leur prix et / ou réduire et limiter les portions par repas. Les entreprises ont intégré ces augmentations de coûts dans le prix de vente aux consommateurs finaux. Les effets vont bien au-delà des exemples ci-dessus, ce qui permet de mettre en évidence l'idée que l'économie mondiale devra s'appuyer de plus en plus sur des modèles écologiquement durables au fur et à mesure que ces tendances progresseront.

Commerce & Développement Durable
La notion de développement durable est un ensemble souvent vaguement défini de principes et d'idéaux. On a beaucoup d'idées différentes sur ce qui constitue un environnement durable. Nous définissons la durabilité et l'industrie qu'il englobe dans la perspective de la viabilité économique à long terme. Notre société est sur le point d'un changement de paradigme en ce qui concerne la façon dont les ressources sont déployées et consommées.

Les développements récents décrits démontrent irréfutablement que la vision à long terme de la durabilité environnementale sera un objectif crucial dans le maintien de la viabilité de l'infrastructure de notre société. Les gouvernements reconnaissent tout cela en investissant des milliards de dollars en subventions et d'appuis pour aider à assurer la durabilité. Les initiatives mondiales comprennent également un large éventail d'attention politique, l'un des principaux marchés internationaux étant axé sur la réduction des émissions de carbone tant dans les pays développés que dans les pays en développement. Cela a donné lieu à un marché d'instruments financiers très sophistiqué, façonné autour du commerce des crédits de carbone.

À long terme, la durabilité environnementale sera l'état que notre société doit atteindre grâce à une énergie renouvelable abondante, une nourriture abondante, des ressources en eau sans fin, etc. Ce que nous appelons la « technologie verte » deviendra omniprésente. Une société véritablement durable dépend des marchés, de la technologie et des services qui sont conçus pour durer. Historiquement, ces initiatives à grande échelle sont très ardemment soutenues par le motif d'économies et de profits. Par exemple, le passage du bois au pétrole est en grande partie attribuable à la déforestation et à l'épuisement des ressources, ainsi qu'à la reconnaissance du fait que les produits pétroliers sont une source d'énergie plus efficace.

Nous voyons cette tendance émerger une fois de plus, car les préoccupations mondiales reconnaissent qu'une grande partie de l'industrie mondiale actuelle est fondée sur des ressources non durables. Le pétrole et le gaz naturel sont tout aussi finis que le charbon et le bois. Une transformation est en cours qui exigera de nouvelles technologies, de nouveaux services et toute une gamme de nouvelles entreprises pour fournir un ensemble différent de produits aux consommateurs et aux autres entreprises. La mission du Sénégal devrait être d'aider les entreprises et les entrepreneurs à poursuivre ces objectifs.

Comprendre L'industrie de la Durabilité
L'industrie de la durabilité est une collection de technologies, de produits, de services, de modèles d'affaires et de pratiques dans divers secteurs, y compris les transports, les ressources en eau, les eaux usées, les matériaux de construction, la production d'énergie, l'efficacité énergétique, les textiles, l'agriculture, l'alimentation — la liste est longue. Le terme « vert » » semble insuffisant pour décrire toute une industrie, car une telle large gamme de concepts est impliquée. Il est semblable à convenir « ingénierie » ou « science » comme des industries actuelles. Donc, fournir une définition concise devient assez éthérée.

Ceci un exemple fourni par l'Organisation mondiale de la Santé des Nations Unies (OMS) en 1997 : *« Le développement durable répond aux besoins du présent sans compromettre la capacité des générations futures à satisfaire leurs propres besoins »*

Investir Dans Le Commerce « Vert »
Le développement durable est axé sur la reconnaissance des limites nécessaires au maintien de l'équilibre et est donc défini de manière adéquate comme un effort unifié pour maintenir et améliorer la qualité de vie des générations à venir. Parce que les initiatives vertes ont à la base la notion d'efficacité, on peut conclure que la rentabilité est un sous-produit inévitable. C'est un investissement dans l'avenir. La concurrence pour les fonds d'investissement sera serrée sur ce marché. L'accent mis sur l'investissement vert sera inspiré à un certain niveau par la responsabilité environnementale et la conservation.

Cette proposition élaborée ici est un moyen à la fois de maximiser l'accès au capital pour une forte croissance économique du Sénégal. Le plan conçu ici est une feuille de route complète axée sur la croissance avec des principes de déploiement de la technologie pour l'amélioration sociale, environnementale et économique à la base. Ce sont les composantes d'une stratégie de durabilité rentable. Dans le passé, des améliorations massives à l'infrastructure – comme l'avènement des chemins de fer, des automobiles et du transport aérien transcontinental – ont toutes été extrêmement bénéfiques à la croissance des sociétés et ont fait d'innombrables fortunes pour les investisseurs dans le processus.

Des exemples réussis de rentabilité des initiatives vertes sont tout autour de nous, en particulier dans le processus de remise en état. Les procédés de fabrication sont étudiés sans relâche afin d'éliminer le gaspillage et l'inefficacité, ce qui fait sortir chaque Franc de la ligne de fond. Les sous-produits qui étaient autrefois considérés comme de simples déchets et jetés – comme les peaux de pommes de terre ou l'écorce d'arbre dans une scierie – sont maintenant recueillis et vendus à une nouvelle fin.

Une industrie extrêmement rentable a surgi ces dernières années, où toutes sortes d'appareils électroniques désuets, démodés et autrement inutiles peuvent être retraités, décomposés en pièces constitutives et vendus à la ferraille. Par exemple, les ordinateurs, les téléphones cellulaires, les téléviseurs et autres appareils contiennent de petites quantités de métaux précieux comme l'or, l'argent, le platine et le zinc. Les usines de remise en état de taille modeste peuvent retraiter suffisamment ces appareils pour accumuler des millions de dollars en métaux précieux chaque année. Ce qui est étonnant, c'est que tout cela provient d'appareils qui auraient autrement obstrué l'infrastructure en entrant dans le canal de déchets et, en fin de compte, dans une décharge.

Il a donc été établi qu'il y a effectivement un besoin idéologique de mettre davantage l'accent sur la durabilité. Cette notion est largement acceptée, mais n'a guère incité à agir à ce jour. Au cours des prochaines années, ce seront les incitations évidentes au profit qui mobiliseront les marchés financiers pour investir dans la durabilité. Comme indiqué, ces opérations sont encore à leurs débuts. Quand l'efficacité sera améliorée et que la base de connaissances deviendra plus robuste, il n'y a nulle part où ce potentiel va aller, mais qu'en hausse.

La Nécessité De La Durabilité

Il est clair que l'avancement de l'industrie du développement durable est impératif pour notre économie locale et mondiale et pour le bien-être de notre société. Malheureusement, les progrès sont ralentis par un certain nombre de facteurs.

Perception du marché :

La véritable durabilité environnementale n'est ni bien comprise ni adéquatement abordée par les consommateurs, les investisseurs, les décideurs et la société en général. Ce concept souvent relégué au brûleur arrière, ou rejeté comme un mot à la mode ou un *hot-button* politique. Toutefois, les récents développements font que les gens se réveillent à la réalité que les ressources sont effectivement limitées, et de nouvelles économies doivent être découvertes pour le bien de l'économie mondiale. Les prix de l'énergie ont augmenté de façon astronomique. C'est l'une des préoccupations économiques les plus importantes au monde. De tels facteurs ont considérablement contribué à la volonté des investisseurs d'adopter des pratiques plus respectueuses de l'environnement au nom de la responsabilité sociale des entreprises. Ce nouvel « appel vert » est bien démontré par les publicités vantant le message de « responsabilité environnementale » des compagnies de charbon, de pétrole et de gaz naturel, ainsi que l'augmentation de l'activité dans les indices verts, les investissements et les fonds. Les entreprises de marketing ont constaté qu'il est important d'atteindre le consommateur avec l'appel vert, ce qui indique un mouvement vers la durabilité dans l'ensemble. Cela implique un soutien du marché pour les nouvelles entreprises, les projets et les industries ainsi que la modernisation des entreprises existantes avec des pratiques écologiques. Comme la perception du marché reflète plus adéquatement cette réalité, l'importance de « passer au vert » continuera de croître.

Rythme de croissance de l'industrie

Malheureusement, la disponibilité de technologies, de produits et de services écologiques n'a pas suivi le rythme prévu de la demande. De nombreux économistes ont souligné la possibilité de pénuries massives dans l'approvisionnement en ressources fondamentales telles que l'alimentation, l'eau et l'énergie, si nos habitudes de consommation et les tendances de croissance démographique se poursuivent sur leur trajectoire actuelle. Le remplacement de technologies dépassées et non durables par des solutions de rechange écologiques nécessite une prise de marchés et un financement rapide, mais ce besoin n'est pas reconnu en grande partie par les décideurs politiques.

2. INITIER UNE RÉVOLUTION DE LA PRODUCTION ALIMENTAIRE À TRAVERS LA TECHNOLOGIE

À cause de sa composition actuelle en termes de densité de population nationale, de niveau d'éducation, d'infrastructure et de climat, la voie la plus rapide pour le Sénégal vers la création d'un moteur économique se fera grâce à la production alimentaire. Cependant, il devrait être révolutionnaire. Nous ne pouvons pas simplement essayer de corriger certains éléments et d'appliquer des pansements ici et là dans le système de production agricole. Nous devons changer complètement la façon dont les aliments sont produits et consommés au Sénégal. Nous devons changer de paradigme et développer complètement une nouvelle façon pour les agriculteurs de cultiver et de vendre leurs produits. Nous devons embrasser le nouveau monde exigeant la durabilité et commencer à produire les produits agricoles plus efficacement, moins cher et de meilleure qualité, et surtout plus sains et plus sûrs à manger.

Pour initier une révolution agricole au Sénégal, nous devons passer à la production des produits alimentaires en utilisant les SERRES/MAISONS VERTES.

La possibilité d'investir dans les serres du Sénégal sera mise à la disposition des particuliers et des institutions qui souhaitent bénéficier du développement d'entreprises vertes de nouvelle génération. Ces possibilités proviennent non seulement d'un désir de contribuer à la conservation de l'environnement, mais d'un souci pratique de le faire d'une manière rentable avant tout. C'est là où réside l'importance de promouvoir des investissements robustes et sûrs qui visent à promouvoir les initiatives de développement durable.

Comme les coûts des moyens de production traditionnels continuent à augmenter, ceux qui commencent la transition le plus tôt en bénéficieront le plus. Cette opportunité d'investissement au rez-de-chaussée sera présentée aux personnes avant-gardistes qui ont le désir de construire des entreprises qui font une différence positive localement et dans le monde. Les deux concepts n'ont pas besoin d'être mutuellement exclusifs. Les investisseurs bénéficieront donc énormément de l'adoption d'une perspective à long terme dans le financement de projets d'investissement dans le développement durable. Les dirigeants sénégalais doivent être pleinement convaincus que la durabilité est la clé de l'avenir du pays et de notre monde.

En outre, le système actuel de production alimentaire a encouragé les pratiques agricoles chargées de produits chimiques, ce qui rend plus difficile que jamais pour le consommateur moyen d'acquérir une nutrition de haute qualité à un prix abordable. La solution proposée, à ce problème immédiat, utilise une approche multiforme et audacieuse qui englobe une production maximale, une efficacité idéale, de nouveaux emplois et la création de richesse dans le pays. Ce plan stratégique est une combinaison gagnante, offrant des options de partage des bénéfices et le développement continu des zones en difficulté et pauvres du Sénégal.

Le nouveau système de production agricole et alimentaire du Sénégal doit être d'aider les agriculteurs à concevoir, construire et exploiter des serres à la fine pointe de la technologie qui produiront les meilleurs aliments biologiques à des prix abordables. Ainsi, le Sénégal sera en mesure d'être un pionnier des nouveaux systèmes de production et de distribution d'aliments biologiques qui bénéficieront l'économie nationale. Pour atteindre cet objectif, nous devons recalibrer notre économie et reconsidérer les types de projets que les investisseurs financeront à long terme.

<u>Pour atteindre ces objectifs, le Sénégal doit se concentrer sur les grandes lignes suivantes</u> :

- Positionner le Sénégal comme une nation technologiquement avancée en développant des systèmes d'agriculture dans les modèles hydroponiques, aquacoles, et verticaux ;
- Communiquer la différenciation et la qualité de l'offre sénégalaise par le biais du marketing médiatique, régional et international ;
- Générer de nouvelles approches commerciales créatives pour améliorer la qualité de vie communautaire ;
- Créer de nouveaux emplois bien rémunérés et de nouvelles possibilités de formation pour les agriculteurs et les entreprises existants ;
- Développer une base de clients en gros fidèles pour créer des ventes à l'échelle internationale grâce à une qualité supérieure et des prix abordables.

Une fois cet étalonnage de l'économie atteint, il est logique de fixer des objectifs précis que le pays atteindra au cours de la prochaine décennie.

L'objectif de la production agricole du Sénégal pour les 10 prochaines années doit être de :

- Réaliser des revenus combinés **de 10 milliards de dollars** ;
- Produire **5 milliards de Kg** de produits chaque année ;
- Maintenir des marges brutes minimales de 80 % sur toutes les ventes d'aliments ;
- Développer des unités de centres de vente dans plusieurs endroits à travers le monde.

De toute évidence, la quantité de nourriture proposée pour la production ne peut pas être consommée seule au Sénégal. Il doit aller à l'échelle internationale. Le premier endroit idéal pour exporter ses produits devrait être les États-Unis d'Amérique. Les États-Unis sont très accessibles au Sénégal et les routes maritimes pour transporter tous les produits peuvent être activées immédiatement. Le besoin d'achat des États-Unis est si élevé que tous les produits excédentaires qui ne sont pas consommés localement peuvent y être vendus sans trop de difficultés. Il est ahurissant de réaliser que nos dirigeants passés et actuels n'ont pas poursuivi le développement de l'export significatif vers les États-Unis. Ils sont proche du Sénégal, ils ont une grande économie, un pouvoir d'achat et un marché pour acheter tous les produits agricoles produits au Sénégal, et surtout les agriculteurs peuvent recevoir des prix plus élevés.

Sur la base d'études de marché et d'une évaluation des besoins, le Sénégal devrait initialement se spécialiser dans la production des produits suivants à vendre directement sur le marché américain :

FRUITS ET LÉGUMES		
Fraises	Feuilles Vertes	Framboises
Tomates	Poivrons	Concombres
Basilic	Carottes	Brocoli
Myrtilles	Mangues	Citron
Avocats	Épinards	Oignons
Fruits de Mer		
Poisson	Crevettes	Homard

Comment pouvons-nous commencer ?

Pour commencer, une première ferme communautaire sera construite pour démontrer la puissance de la production, et l'efficacité de l'agriculture à travers les serres/maisons vertes. Ce premier emplacement coûtera environ 100 millions de dollars et deviendra le premier endroit où les agriculteurs recevront une formation complète sur la production alimentaire en serre. Ils pourront ensuite intégrer leurs compétences acquises dans leurs propres activités à travers le pays.

Il y a des experts dans ce domaine de la production en serre qui sont prêts à en faire une réalité si l'engagement du leadership et le financement sont disponibles. Ces experts feront profiter de toutes leurs technologies qu'ils ont développées au cours des deux dernières décennies pour initier une révolution agricole au Sénégal.

Avec l'aide de ces experts, le Sénégal construira des serres de première classe issues d'années de recherche et développement des meilleurs ingénieurs. Chaque conception que le Sénégal adoptera comme une disposition prête pour la construction a fait l'objet d'un processus d'essai approfondi et a donné les résultats escomptés. Les conceptions globales de toutes les serres ont été conçues avec les exigences et capacités suivantes comme normes minimales :

- **<u>Rentable</u>** (pour la construction et l'entretien) ;
- **<u>Polyvalent</u>** (pour changer de culture à tout moment avec un minimum d'ajustements) ;
- **<u>Contrôle absolu</u>** de tous les systèmes de culture, y compris : température, humidité, éclairage, ombrage, fertilisation et irrigation ;
- **<u>Extrêmement efficace</u>** pour une production maximale ;
- **<u>Fort & Durable</u>** en cas de mauvais temps ;
- **<u>Sans danger</u>** pour l'environnement.

Quels types de serres les agriculteurs sénégalais pourraient-ils construire ?
Systèmes de production pyramidale verticale
Les systèmes verticaux permettront de planter plus de plantes par pied carré (0.09 m^2). Ces systèmes peuvent par exemple, de **transformer 1 acre** (4046 mètres carrés) en **4 ou 5 acres** selon le produit. Les systèmes à couches multiples qui s'alignent verticalement ont été largement testés et mis en service par de nombreux producteurs commerciaux en Europe et en Amérique du Nord. Certains ont eu un succès limité et d'autres ont complètement échoué. Le principal problème avec les systèmes verticaux est la disponibilité constante de la lumière pour certaines plantes le long des couches. Comme certaines plantes commencent à pousser, elles finissent par bloquer l'accès à la lumière pour d'autres plantes. Cela conduit à une croissance insatisfaisante, une déformation ou tout simplement la mort de la plante. Au Sénégal, toutes les plantes recevront les niveaux de lumière requis pour une croissance optimale.

Capacités de conception verticale

Produit	Système de production de couches
Fraises	7 couches
Feuilles Vertes	1 couche –système pyramidal
Framboises	7 couches
Tomates	3 couches
Poivrons	3 couches jusqu'à 3 pieds de haut
Concombres	1 système de pendaison de couche-panier
Basilic	1 couche – 7-11 pieds de large
Poisson	Réservoirs
Crevettes	Réservoirs
Homards	Réservoirs
Myrtilles	Extérieur
Carottes	Extérieur
Brocoli	Extérieur
Mangues	Verger
Lime/Citron	Verger
Avocats	Verger

Systèmes de culture hydroponiques
Permet une densité nutritive plus élevée et des temps de croissance accélérés. Ils permettront également le croisement avec des crevettes d'eau douce.

Systèmes de culture aéroponiques
Permet une croissance rapide et peu coûteuse des micro-légumes verts/herbes.

Systèmes de réservoirs d'eau salée
Permet l'utilisation de systèmes à plusieurs niveaux pour une ségrégation optimale de la vie aquatique et l'alimentation croisée.

Systèmes d'irrigation d'étang d'eau douce
Permet une croissance rapide, et la santé de plusieurs types de poissons, y compris l'achigan rayé, le tilapia, etc.

Systèmes de ressources en énergie renouvelable
Permet la combinaison efficace de systèmes géothermiques, de panneaux solaires et de générateurs de secours, permettant ainsi le fonctionnement des serres tout en étant 100% hors du réseau.

Contrôles d'éclairage des énergies renouvelables
Permet un contrôle maximal du flux d'énergie et une distribution efficace entre toutes les serres.

Système opérationnel/de contrôle de l'énergie
Élimine une utilisation surchargée de l'énergie.

Système de contrôle des engrais organiques
Permet une distribution efficace des nutriments nécessaires à la plante grâce à un système de réservoir à base de formules.

Systèmes de croissance de flotteurs
Permet un meilleur contrôle de la température et l'isolement des autres éléments.

Système de suivi de la croissance et de la production numériques
La plupart des serres seront contrôlées par un système informatisé qui offrira l'information en direct, comme les conditions météorologiques extérieures, au système informatique qui, à son tour, peut ajuster automatiquement l'environnement à l'intérieur des serres. La température, les niveaux d'humidité, le niveau de lumière seront automatiquement ajustés pour permettre aux plantes de

recevoir tout ce dont elles ont besoin pour croître rapidement et sainement.

TYPES DE SERRE

Au Sénégal, nous pouvons construire deux types de structures :

Structure de VERGER :

Ces structures ne feront que pousser des arbres. Il s'agit d'un modèle de toit plat de base sans systèmes de culture spécialisés ou systèmes d'éclairage.

Spécifications de base :

- Un aménagement ouvert offre un temps d'ouverture et de fermeture plus rapide
- Favorise le durcissement-hors du matériel végétal
- Protège contre le vent, le soleil et des températures moins souhaitables
- Des niveaux de lumière plus élevés combinés à la capacité de maintenir des températures uniformes désirées augmentent la croissance et la qualité des arbres
- La ventilation naturelle élimine le besoin de ventilateurs

Ces structures feront pousser des mangues, des avocats, et du citron. L'entretien de ces cultures sera minime et le seul coût prévu sera l'irrigation et la fertilisation programmée.

Structures Spécialisées :

Ces systèmes spécialisés seront constitués d'une combinaison de serres à la fine pointe de la technologie permettant une production optimale tout au long de l'année et en toutes saisons. Il comprend : Le POLYARCHE et le A-FRAME. De plus, ces serres permettront jusqu'à 6 tours par année (c.-à-d. que la production et la récolte de tomates auront lieu 6 fois par année).

POLYARCHE – SPÉCIFICATIONS

Cela renforce non seulement considérablement la structure ; il prévoit également l'installation simplifiée d'équipements supplémentaires tels que :
- Systèmes de chauffage et de refroidissement
- Rideaux d'ombre et d'énergie
- Canaux d'arrosage
- Systèmes suspendus de panier
- Le PolyArche est contrôlée par un système informatique qui contrôle tout l'environnement de la serre

A-FRAME – SPÉCIFICATIONS :

Cette structure prévoit l'installation simplifiée d'équipements supplémentaires tels que :
- Systèmes de chauffage et de refroidissement
- Rideaux d'ombre et d'énergie
- Canaux d'arrosage
- Systèmes suspendus de panier

Ces serres créeront les meilleures conditions de croissance par pour exemple les :
- Myrtilles
- Framboises
- Fraises
- Poivrons
- Tomates

Aquaculture

Le Sénégal peut facilement devenir un acteur majeur de l'aquaculture car il arbore de nombreux avantages naturels. En bordure de l'Océan Atlantique, combinée à ses conditions météorologiques tropicales, de nombreux systèmes aquacoles peuvent être déployés pour produire des millions de tonnes de fruits de mer sur une base annuelle.

Produits proposés dans un premier temps :

- Tilapia
- Poisson-chat
- Truite
- Basse
- Crabes
- Crevettes
- Homards

Processus opérationnel

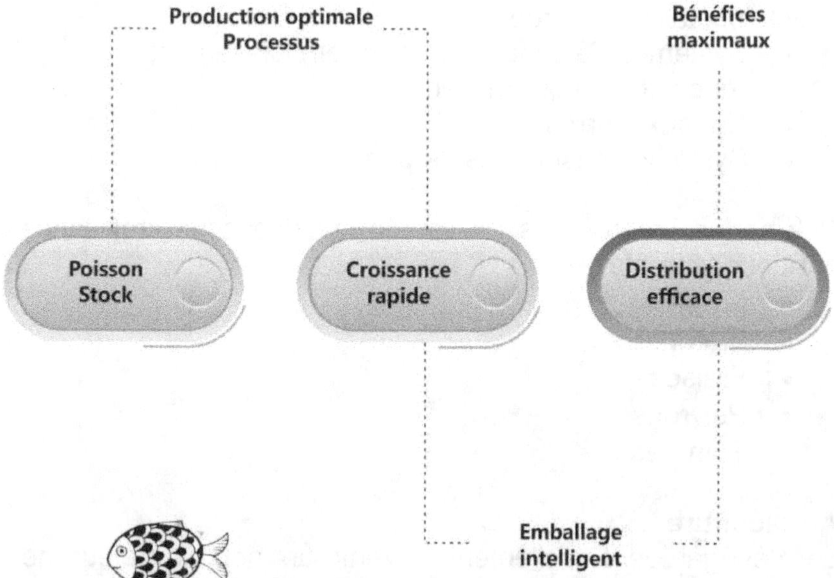

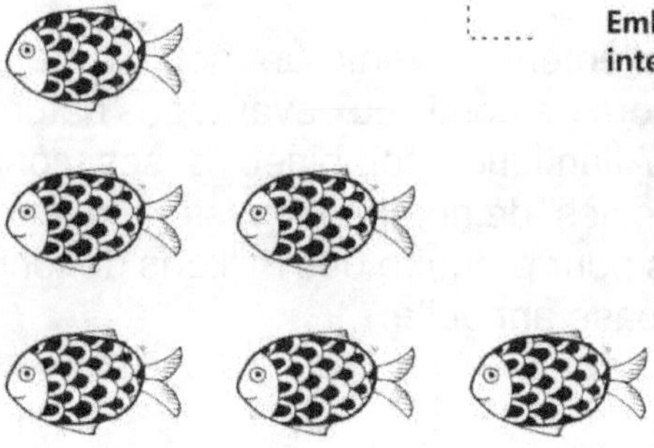

Modèle de production et technologie

Un modèle aquacole robuste a déjà été perfectionné et il peut devenir pleinement opérationnel et efficace dans n'importe quel environnement. Ces systèmes offrent les éléments suivants :

- Endurance pour une mauvaise qualité de l'eau ;
- Endurance pour une eau faiblement oxygénée ;
- Endurance pour les conditions météorologiques difficiles ;
- La distribution efficace d'une alimentation intelligente pour les poissons, y compris les algues naturelles, la nutrition biologique des poissons ;
- Excellents taux de croissance avec des systèmes contrôlables ;
- Mélange et appariement avec d'autres espèces ;
- Fourniture d'un goût et d'une texture optimaux ;
- Une récolte efficace grâce à des systèmes basés sur le poids.

Systèmes de production

La plupart des fruits de mer seront élevés dans des réservoirs commerciaux à l'intérieur des serres afin de permettre à un système informatisé de surveiller le taux de croissance de la population de fruits de mer. Ces réservoirs sont stratégiquement segmentés à divers endroits afin de permettre aux exploitants de gérer les poissons au fur et à mesure qu'ils traversent leurs cycles de croissance. Les opérateurs seront également en mesure de mettre immédiatement en lumière tous les problèmes et de prendre des mesures correctives.

Notes sur le système de production

Les produits et procédés biologiques seront utilisés pour traiter l'eau :

- Les réservoirs de démarrage peuvent également être modifiés en écloserie.
- Les particules dissoutes peuvent être utilisées comme engrais organique puisqu'aucun produit chimique ne sera utilisé pendant le processus de production. Ils

pourraient être vendus à un prix minime ou donner l'engrais aux agriculteurs locaux.

En résumé, toutes les technologies et systèmes proposés ci-dessus ont fait l'objet de tests approfondis et donneront les résultats escomptés. Il s'agit simplement de développer le courage d'activer ce plan audacieux au sein du système national de production alimentaire du pays.

OBSTACLES ET SOLUTIONS À L'ACTIVATION D'UNE RÉVOLUTION DE LA PRODUCTION ALIMENTAIRE

Coûts initiaux élevés de démarrage :

La construction de serres à la fine pointe de la technologie permettant une production et une qualité maximales nécessite un investissement substantiel. La plupart des entrepreneurs ne participeront pas à cette entreprise parce qu'ils comprennent que le capital nécessaire est significatif pour être financé par une entité d'investissement moyenne. En outre, la construction et l'entretien de serres dans une ville spécifique nécessitent beaucoup de soutien de la part des dirigeants communautaires locaux ainsi que de la population en général. Par exemple, la ville donnée doit approuver les permis de construire et démontrer sa volonté d'amener ces projets sur son territoire.

Stratégie :

Le Sénégal cherchera à acquérir les capitaux nécessaires auprès d'entités d'investissement internationales réputées pour financer au moins 20 sites majeurs (plus de 100 hectares) à travers le pays. Comme nous l'avons démontré, les fonds sont largement disponibles auprès des investisseurs internationaux qui sont à la recherche de projets de type vert. Ils savent que c'est l'avenir et ils gagneront un retour sur investissement élevé. Le plan de production proposé à cette échelle peut facilement récupérer l'investissement dans les 3 ans et commencer à tourner un profit par la suite. Une fois les 20 premiers emplacements seront construits, la phase 2 consistera maintenant à intégrer les petits agriculteurs qui cultiveront sur 1 à 5 hectares. Un programme soutenu par le Gouvernement peut être activé avec les banques locales pour financer ces petits projets et les garanties pourraient être les terres et les produits cultivés.

Coût de production élevé

Comme les serres moyennes fonctionnent en toutes saisons, elles nécessitent un coût d'exploitation élevé, surtout lorsqu'il s'agit d'énergie. La plupart des entrepreneurs concluraient, après des projections financières de base, qu'il serait très difficile de réaliser le seuil de rentabilité.

Stratégie

Pour faire face à ce coût énergétique élevé attendu, Le Sénégal rassemblera une équipe d'ingénieurs, d'architectes, d'experts en agriculture, de scientifiques de l'énergie pour développer des systèmes de pointe qui peuvent être alimentés hors réseau. En bref, les maisons vertes du Sénégal seront approximativement 85% hors-réseau. Elles seront alimentées par une combinaison d'unités solaires/thermiques, de composte, et à l'avenir éventuellement de vent. Les toits des serres serviront d'attracteurs d'énergie qui seront à leur tour transférés dans une unité de rétention pour alimenter l'éclairage, l'irrigation, la chaleur et les systèmes de refroidissement des serres.

3. EXPORTER NOTRE PRODUCTION AGRICOLE

Maintenant que la production est en cours et que les produits sont disponibles à la vente, le Sénégal doit activer maintenant une campagne de marketing international agressive. Une fois le premier site construit, le Sénégal organisera et parrainera plusieurs événements pour présenter ses nouveaux systèmes de production alimentaire. L'objectif sera de promouvoir la qualité de ses produits agricoles. Des partenariats avec des groupes et universités de santé mondiaux et des promotions supplémentaires seront probablement organisés par le biais de ces alliances stratégiques. Les journaux internationaux, les magazines, les radios et les stations de télévision seront également utilisés pour promouvoir la philosophie, la vision et la mission de cette approche novatrice de la production, de la durabilité régénérative communautaire grâce à des pratiques agricoles efficaces. L'objectif principal du Sénégal en matière de commercialisation sera de s'assurer que ses produits sont reconnus, appréciés et désirés par les consommateurs et les entreprises liées à l'alimentation à l'échelle mondiale.

4. MODIFIER LA MISSION DES AMBASSADES ET CONSULATS

Cette idée vient d'une expérience personnelle que j'ai eue avec un ami. En fait, il m'a appelé un jour quand j'étais aux États-Unis et m'a demandé si je pouvais l'aider à trouver des acheteurs aux États-Unis pour les arachides qu'ils ont produites. Ma première question était : Pourquoi les États-Unis ? Pourquoi ne pouvez-vous pas ne pas vendre au Sénégal ? Sa réponse a été... *personne n'achète ici parce qu'il y'a un excédent sur le marché en ce moment* et *nos arachides sont entrain de pourrir.* J'ai dit OK, je vais essayer de t'aider. Je suis allé sur Google et j'ai tout simplement rechercher « acheteurs d'arachides » et en seulement 5 minutes, j'étais au téléphone avec l'un des plus grands acheteurs d'arachides aux États-Unis. La personne en charge était très gentille et a dit qu'elle cherche constamment de nouveaux fournisseurs et pourrait acheter de n'importe où si les produits répondaient à leurs normes. J'ai expliqué que ces arachides venaient du Sénégal et il a répondu : bien *sûr, nous sommes toujours intéressés... Donnez-lui* mon *numéro et je lui parlerai directement.* Puis j'ai envoyé ses coordonnées à mon ami et je suis passé à autre chose. Un mois plus tard, j'ai rappelé mon ami pour lui demander s'il a avancé le processus de vente avec cet acheteur. Avec un profond niveau de frustration, il m'a dit que la personne ne parlait pas Français et qu'il ne parlait pas Anglais. Il lui a envoyé un formulaire à remplir et il ne l'a pas compris. Ensuite, je lui ai demandé : Qu'avez-vous fait alors ? Sa réponse : Rien, j'ai juste cessé de communiquer avec lui ». Ma prochaine question : Et votre stock d'arachides ? Sa réponse : *80% à la poubelle.*

Cette expérience m'a beaucoup affecté parce que j'ai réalisé à ce moment-là que j'aurais pu vraiment l'aider. J'aurais pu être la liaison entre lui et l'acheteur et l'aider à conclure le processus de vente. C'est une seule histoire anecdotique, mais représente le sort de nombreuses entreprises locales au

Sénégal qui tentent d'exporter leurs produits à l'échelle mondiale. Soit, ils n'ont pas la maîtrise de la langue pour le pays à qui ils essaient de vendre, soit ils ne peuvent pas remplir les formalités administratives de base requises. C'est la raison pour laquelle beaucoup s'en tiennent juste à essayer de vendre localement.

Parallèlement, beaucoup d'entre nous ont voyagé à travers le monde et à un moment donné, ont visité l'une des ambassades du Sénégal. Ces ambassades fournissent des services de base principalement des documents de voyage et s'engagent dans des affaires diplomatiques. Pour l'investissement mensuel de maintenir ces installations opérationnelles, Elles offrent peu de valeur pour l'ensemble du pays. Que diriez-vous de recadrer toutes les ambassades à devenir des agences de vente représentant les entreprises sénégalaises qui cherchent à exporter vers les pays dans lequel ils sont opérationnels. Ici, nous ne suggérons pas de faire ce que font de nombreuses ambassades et consulats, c'est-à-dire d'organiser des missions commerciales inutiles, pourparlers et forums économiques bilatéraux.

La proposition ici est pour les ambassades à :
- Rechercher agressivement des acheteurs pour les entreprises sénégalaises ;
- Coordonner le processus de vente ;
- Remplir tous les documents requis ;
- Assurer la livraison aux acheteurs ;
- Assurer le paiement rapide des produits livrés.

Ainsi, tout agriculteur ou entreprise qui cherche à vendre à l'étranger n'aura qu'à contacter l'ambassade / agence de vente de ce pays et elle s'occupera du reste. Cela deviendra essentiellement leur mission principale à l'étranger plutôt que seulement des tâches diplomatiques.
En fait, s'ils sont correctement recalibrées et correctement dotées d'excellents vendeurs, les ambassades et consulats du Sénégal aux États-Unis seuls pourraient vendre tout ce qui est produit au Sénégal. Encore une fois, les États-Unis ont le

besoin et le pouvoir d'achat d'absorber les produits fabriqués localement à partir du Sénégal.

5. DÉVELOPPER UN AVANTAGE CONCURRENTIEL DANS L'AGRICULTURE

L'avantage concurrentiel du Sénégal se développera à travers ses progrès qu'il réalisera dans le secteur de la technologie agricole. Un solide processus de recherche et développement doit être mis en place pour introduire en permanence des systèmes de production révolutionnaires qui redéfiniront la production alimentaire telle que nous la connaissons. La stratégie de prix de vente sera également déterminée par les normes du marché international. Les agriculteurs devront maintenir au minimum des marges brutes de 80 % et de 35 % nettes sur toutes les ventes, tout en établissant une politique de prix concurrentielle en offrant des produits frais et biologiques pour au moins 40 % de moins que les prix du marché mondial. En fin de compte, ce qui est proposé n'a jamais été fait à cette échelle – n'importe où.   Le déploiement de ce plan sera inégalé aura donc un avantage concurrentiel qui défiera toutes les autres propositions.

6. CRÉER UN NOUVEAU MODÈLE BANCAIRE ET CHANGER DE TRAJECTOIRE

Le secteur bancaire sénégalais est largement inefficace pour aider le pays à se développer économiquement. C'est compréhensible du point de vue de la propriété fondamentale. Sur plus de 20 banques opérationnelles, seule une poignée peuvent généreusement être classée comme banques sénégalaises. La plupart des banques au Sénégal sont essentiellement des succursales/filiales de grandes banques dont leurs patrimoines sont situés dans d'autres pays, principalement les plus grandes économies d'Afrique. Ainsi, la principale priorité de ces banques n'est pas vraiment d'aider l'économie sénégalaise, mais plutôt d'étendre leur présence en Afrique et de chercher de nouveaux clients. Il n'y a rien de criminel à cette réalité car le Sénégal faisant partie de l'UEMOA devrait accepter l'expansion des banques extérieures. Le principal problème, cependant, avec ce manque de véritables banques sénégalaises découle de la dure réalité de leur contribution à l'activité économique locale. Pour que le Sénégal se développe, il doit y avoir au moins 10 banques qui soutiendront les organisations en croissance. L'accès au « bon » crédit au Sénégal est très difficile. En fait, les politiques de prêt des banques sont très précaires et le plus souvent, une entreprise moyenne n'aura pas accès au capital pour croître. Nous devons convaincre les banques que prêter à l'entrepreneur sénégalais moyen rapportera un bon rendement. En fait, nous savons que les banques veulent faire de l'argent. Par conséquent, nous devons créer cet environnement gagnant-gagnant. Nous devons changer leur stratégie actuelle qui est pratiquement de chercher de nouveaux clients pour déposer des fonds dans leurs caisses à une stratégie de prêter très rapidement à des taux d'intérêt abordables.

Alors, comment est-ce qu'on peut créer cet environnement ?

Tout d'abord, établissons le système global et l'état d'esprit du secteur bancaire au Sénégal :
- La plupart des banques estiment qu'environ 30 % des personnes qui obtiennent des prêts d'elles n'ont pas l'intention de les rembourser. Ces personnes fourniront tous les documents nécessaires et feront défaut intentionnellement. C'est la raison pour laquelle les taux d'intérêt des banques peuvent monter à 25%. Essentiellement, les banques incluent dans leurs taux d'intérêt le défaut présumé d'autres non-payeurs. Cela signifie que les bons clients prêts à rembourser leurs prêts doivent également payer pour les autres mauvais acteurs. La dure réalité au Sénégal est que l'accès aux liquidités est très coûteux en raison des taux d'intérêt élevés des prêts qui comprennent la perte prévue de prêts non-performants. C'est un cercle vicieux qui ralentit la croissance globale de l'économie
- La plupart des dirigeants des banques estiment que le système judiciaire est mal équipé, peu disposé ou incapable de poursuivre de mauvais acteurs

- Pour de nombreuses banques au Sénégal, il est très difficile de déterminer la solvabilité d'un particulier ou d'une entreprise car il n'existe pas de normes nationales et de mécanismes pour l'établir. Par conséquent, ils doivent s'appuyer sur une combinaison ou des mesures quantitatives et des conclusions qualitatives avant d'émettre du crédit.
- La majorité des banques sénégalaises appartiennent à des intérêts étrangers et leur allégeance ne réside pas dans le pays lui-même, mais dans leur propre rentabilité et dans leurs véritables propriétaires, où qu'ils se trouvent.

Avec la compréhension de ces réalités, nous pouvons développer les mécanismes et les systèmes pour changer l'état d'esprit du secteur bancaire et les convaincre progressivement d'émettre du crédit à des taux d'intérêt raisonnables et, à coup sûr, de réaliser le profit qu'ils recherchent.

7. CRÉER UN BUREAU NATIONAL DE CRÉDIT

Aux États-Unis, à l'âge de 18 ans, les activités financières de chaque individu sont suivies. Les transactions par carte de crédit, les paiements de voiture, les paiements du loyer, tout est suivi par un numéro de sécurité sociale (SSN). Au fur et à mesure que les paiements sont effectués, la note d'une personne est établie progressivement. Ce nombre peut aller de 300 à 850. Plus le score est élevé, plus un individu est digne de crédit. La majorité des institutions exigent d'une personne qu'elle fournisse son SSN avant d'émettre une carte de crédit, un prêt immobilier ou automobile ou de louer un appartement. Au fur et à mesure que les paiements seront effectués, cette institution en fera rapport aux trois principales agences de crédit. Même un retard de paiement est déclaré et aura une incidence sur le score d'une personne. Ainsi, un mécanisme robuste existe aux États-Unis pour récompenser les bons acteurs et pénaliser les mauvais acteurs. Pour le Sénégal, nous n'avons besoin que d'une seule agence nationale de crédit. Chaque personne aura un numéro similaire au SSN et ses transactions seront suivies tout au long de sa vie. Ainsi, si une personne décide d'être malhonnête, peu disposée ou incapable de faire face à l'une ou l'autre de ses transactions financières, il y aura un suivi continu. Pour que ce système puisse fonctionner, le Gouvernement doit :

1. Établir un numéro de sécurité sociale pour chaque personne
2. Exiger de toutes les institutions financières qu'elles fournissent un rapport mensuel pour chacun de leurs clients les paiements à temps, en retard ou en cas de non-paiement.

Au fur et à mesure que le rapport arrive, le score d'une personne est mis à jour automatiquement par le système.

Ce Bureau Nationale du Crédit doit également être créée pour toutes les entreprises. Elles ont déjà un numéro associé à elles (NINEA) et seront plus faciles à mettre en œuvre.
La création de cette agence et les rapports en cours détermineront la solvabilité de chaque individu et entreprises et assureront une transparence globale à l'ensemble de l'écosystème des consommateurs de crédit. Cela aidera les banques à prendre des décisions plus rapides aux particuliers ou aux entreprises qui cherchent des prêts.

8. PUNIR SÉVÈREMENT LES ACTEURS MALHONNÊTES QUI CHERCHENT DES PRÊTS

Parallèlement au bureau national du crédit, le système judiciaire doit également élaborer un mécanisme solide pour poursuivre ceux qui font défaut sur les prêts. À l'heure actuelle, la loi n'est pas très claire et n'est pas bien décrite. Il est vrai que certaines entreprises après avoir reçu un prêt vont faire faillite même si leurs dirigeants avaient l'intention de les rembourser. Quoi qu'il en soit, l'institution financière doit clairement avoir une idée sur le mécanisme pour récupérer son argent. Au moment où une plainte est déposée, le système judiciaire doit rapidement fixer une date au tribunal, et si la culpabilité est établie, les options seront de reprendre la possession des biens de cette personne ou retenir leurs salaires futurs, ou faire une réclamation sur leurs actifs futurs. Dans certains cas scandaleux, la personne doit être emprisonnée si elle ne peut prouver qu'elle avait un processus ou une stratégie réaliste pour rembourser ce prêt. Essentiellement, il est impératif que le pouvoir judiciaire soit très clair que le non-paiement des prêts causera des problèmes à court et à long terme à une personne ou une entreprise.

Avec ces stratégies en vigueur, les banques réduiront progressivement leurs taux d'intérêt parce qu'elles sauront qu'il y aura moins de mauvais acteurs à la recherche de prêts.

De plus, il y aura plus de capital disponible pour les entreprises pour :
1. Se développer ;
2. Investir dans divers projets d'expansion ;
3. Embaucher plus de personnes, ce qui réduira le chômage dans l'ensemble.

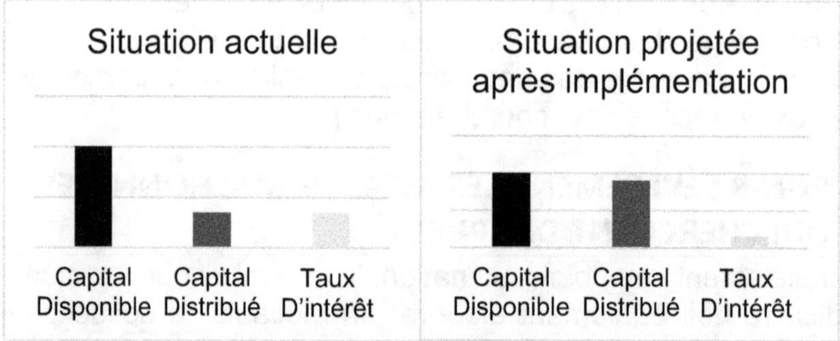

9. AIDER LES BANQUES À DEVENIR PLUS EFFICACES

Un problème majeur qui doit encore être abordé dans le secteur bancaire au Sénégal est son efficacité en général. En fait, la plupart des banques au Sénégal utilisent des systèmes et des technologies désuètes pour servir leurs clients. L'une des lacunes les plus importantes au sein des banques est leur système de traitement des prêts. La plupart des banques peuvent prendre jusqu'à 4 semaines avant de traiter un simple prêt aux entreprises. Leur processus est très manuel, nécessite beaucoup d'interaction humaine et parfois trop qualitative. Les dix dernières années ont vu un énorme progrès dans l'apprentissage automatique et l'intelligence artificielle. Du fait, de nombreuses entreprises technologiques ont mis au point des systèmes intelligents permettant aux banques de traiter les prêts plus rapidement et plus efficacement. Ainsi, un processus de demande de prêt peut être réduit d'un mois à trois jours. Elles ont juste besoin d'avoir la volonté et le courage de passer à des technologies intelligentes et plus efficaces. L'une des principales raisons pour lesquelles les banques ont pris du retard dans cette transition est qu'elles n'ont vraiment pas ressenti le besoin de le faire. Elles savent intrinsèquement que leur volume actuel de traitement des prêts est faible en raison de leur réticence à prêter du capital. Si elles croyaient pouvoir gagner un revenu substantiel en offrant un grand nombre de prêts, elles seraient prêtes à transitionner au futur. Ainsi, cette stratégie visant à aider les banques à devenir plus efficaces est directement liée aux deux objectifs antérieurs qui sont de créer une agence nationale de crédit pour déterminer la solvabilité de chaque individu et aussi pour être en mesure des systèmes pénales pour récupérer efficacement leur argent en cas de défaut.

10. ÉTABLIR UNE POLITIQUE BUDGÉTAIRE EXPANSIONNISTE

La *Harvard Business Review* a effectué une analyse exhaustive du marché mondial afin de déterminer les questions principales posées par les investisseurs avant d'investir dans un pays.

- Quels sont les taux des impôts ?
- De quelles réglementations locales devrons-nous nous inquiéter ?
- Est-il facile d'envoyer des biens et des profits dans les deux sens ?

Une autre question importante qu'ils se posent était la question de la liberté économique axée sur ces 10 indicateurs suivants :

1. Tarifs douaniers
2. Politique fiscale
3. Participation économique du gouvernement
4. Inflation
5. Limitations de l'investissement étranger
6. Restrictions bancaires
7. Contrôle des salaires et des prix
8. Droits de propriété
9. Réglementation générale des entreprises
10. Le marché noir

Dans cette optique, pour les 15 prochaines années, le Gouvernement sénégalais doit avoir comme stratégie de promouvoir la croissance organique et économique et de l'investissement international. Essentiellement, l'objectif central sera de faire du Sénégal l'endroit idéal pour :
1. Démarrer une nouvelle entreprise
2. Développer une entreprise
3. Offrir des incitations aux entités nouvellement créées
4. Réduire le taux de chômage

L'un des principaux domaines sur lequel le Gouvernement peut influer sur la réalisation de ces quatre objectifs est à travers sa politique fiscale.

Tout d'abord, établissons les taux d'impôts actuels au Sénégal :

	Sénégal
Impôt aux entreprises	30%
Impôt aux particuliers	40%
Taxe sur la valeur ajoutée	18%

La politique fiscale au Sénégal est un obstacle majeur à la promotion de la croissance globale. Si cela continue, le Sénégal continuera à être un pays pauvre avec des taux de chômage oscillant autour de 40%. Il est ahurissant de réaliser pourquoi nos dirigeants pensent croient que cela a du sens, surtout pour un pays qui cherche à stimuler l'activité économique.

Analysons un peu la politique fiscale au Sénégal par rapport à d'autres nations... certains sont déjà développés et d'autres sont en processus de développement.

Impôt aux entreprises

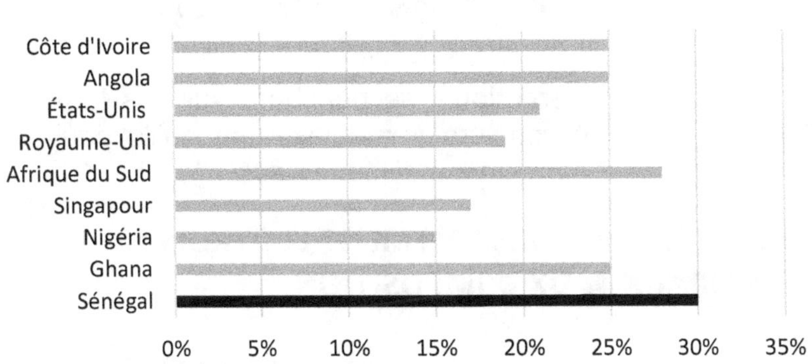

Impôt aux particuliers

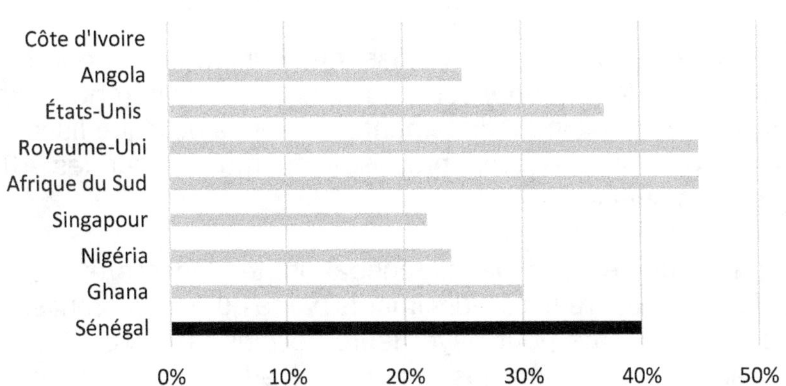

Taxe sur la valeur ajoutée

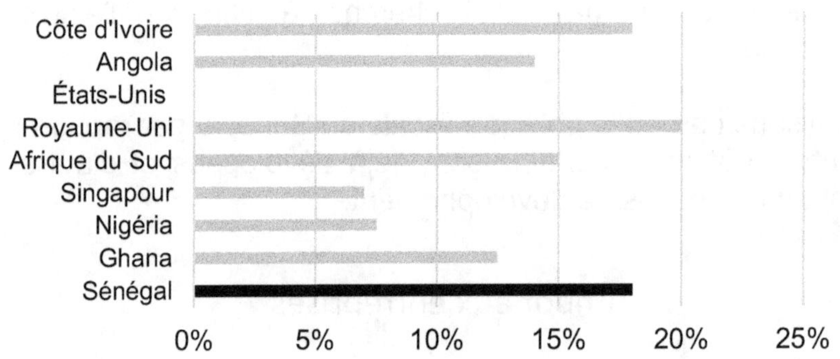

Tout investisseur international se penchera sur ces taux de 30%, 40%, 18% et conclura immédiatement qu'ils peuvent investir leur argent dans un « meilleur » pays.

11. RÉDUIRE CONSIDÉRABLEMENT LES TROIS PRINCIPAUX TAUX D'IMPOSITION

	Actuelle	**Proposé**
Impôt aux entreprises	30%	**15%**
Impôt aux particuliers	40%	**15%**
Taxe sur la valeur ajoutée	18%	**5%**

Afin de faire appel à l'investissement international et de promouvoir les dépenses locales et l'épargne, le gouvernement doit immédiatement modifier sa politique fiscale et les maintenir aux taux proposés au moins pour les 10 prochaines années.

Les pays pauvres comme le Sénégal ont tendance à être sur la défensive pour réduire leurs impôts parce qu'ils comptent sur cette petite somme pour payer leurs besoins de base. Oui, il est vrai qu'en réduisant les impôts, il y aura moins d'argent disponible pour le gouvernement. Toutefois, le coût d'opportunité d'entraver la croissance globale et une activité économique robuste l'emporte de loin sur le peu d'impôts reçus des entreprises. De plus, le Gouvernement ne recueille même pas cet argent. À cause de ces impôts élevés, de nombreuses entreprises ont tendance à cacher leur argent ou à hiérarchiser les transactions en espèces pour cacher leur revenu réel. Avec cette nouvelle politique fiscale proposée, un plus grand nombre d'entreprises seraient prêtes à déposer tous leurs revenus dans leurs banques parce qu'elles savent que le Gouvernement n'en prendra pas un tiers. Essentiellement, ce taux réduit aidera également les petites entreprises du pays à se formaliser et à sortir de l'ombre. Nous pouvons démontrer qu'en réduisant principalement l'impôt sur le revenu des sociétés, le Gouvernement va effectivement recevoir plus d'impôts.

12. ÉTABLIR UNE POLITIQUE DE ZONE LIBRE D'IMPÔTS DE 5 ANS POUR LES NOUVELLES ENTREPRISES

De nombreuses économies à travers le monde expérimentent une politique de cette nature. Et donc, il est d'accomplir les résultats escomptés. L'une des principales priorités du gouvernement sénégalais dans les dix prochaines doit être de réduire agressivement le taux de chômage au Sénégal, qui représente une triste réalité. Il y'a des millions d'hommes et de femmes capables à travailler, mais ne peuvent pas trouver des emplois parce qu'ils n'existent pas. Nous disons aussi à nos jeunes enfants, d'aller à l'école, d'étudier dur, d'obtenir leurs diplômes de baccalauréat, et encore plus obtenir un diplôme universitaire et vous réussirez. La douloureuse réalité est qu'après presque 20 ans d'études de l'école primaire jusqu'à l'université, ils sortent avec un diplôme et ne peuvent pas trouver un emploi. Le pays leur a fait défaut et continue à les échouer.

L'objectif principal de l'activation d'une politique de zone libre d'impôts de 5 ans pour les entreprises nouvellement créées est de convaincre les entrepreneurs qu'investir au Sénégal est logique sur le plan financier et ils garderont tout leur argent pour les cinq prochaines années. Une fois qu'ils ont commencé leurs entreprises, il est naturel pour eux de vouloir croître le plus rapidement possible et de gagner un revenu maximal parce qu'ils savent qu'ils garderont tout. Et bien sûr, en voulant se développer rapidement, ils auront besoin d'employés pour les aider en cours de route. L'objectif principal de cette stratégie est d'aider toutes les personnes à trouver un bon emploi avec cette exception fiscale. Pour y arriver, un grand nombre de nouvelles entreprises doivent être créées très rapidement et non pas à ce taux actuel qui est extrêmement lent.

13. ÉTABLIR UNE POLITIQUE MONÉTAIRE EXPANSIONNISTE

C'est généralement le rôle de la banque centrale qui devrait être de réduire systématiquement les taux d'intérêt. La baisse des taux d'intérêt accentue le besoin de produits nationaux et augmente considérablement l'activité économique. Cependant, l'un des principaux blocages pour le Sénégal et les pays qui font partie de la zone CFA est le problème de la monnaie. En fait, la banque centrale du Sénégal n'a pas pleinement pris ses responsabilités et n'a pas développé un mécanisme fiable pour contrôler sa propre politique monétaire. Ainsi, un pays comme le Sénégal est obligé de faire partie de la zone CFA qui est un obstacle majeur à la création de richesses internes parce que ses réserves doivent aller à l'étranger. Outre la véritable souveraineté nationale, la FCFA n'aide tout simplement pas le pays à se développer économiquement. Les politiques monétaires et l'évaluation de la monnaie se fait avec le portefeuille global des pays membres et non pour un pays individuel. Des pays comme le Sénégal sont déjà stables et n'ont pas besoin d'une stratégie régionale qui le met dans le même panier que les autres pays. Les dirigeants sénégalais doivent poursuivre leur propre monnaie et développer leur propre politique monétaire à l'avenir. Encore une fois, pour que cela se produise, une banque centrale compétente avec des dirigeants capables qui peuvent pleinement prendre le règne.

14. CONSTRUIRE DE NOUVELLES AUTOROUTES ET CHEMINS DE FER

Pour que tout pays se développe économiquement, sa population doit se déplacer librement et les marchandises doivent être livrées rapidement et en toute sécurité. Le réseau routier actuel est très inefficace car il ne relie pas efficacement les différentes régions du pays. En raison du manque d'autoroutes fiables, le transport dans tout le Sénégal est difficile. Nous devons relier le Sénégal du Nord au Sud et de l'Est à l'Ouest.

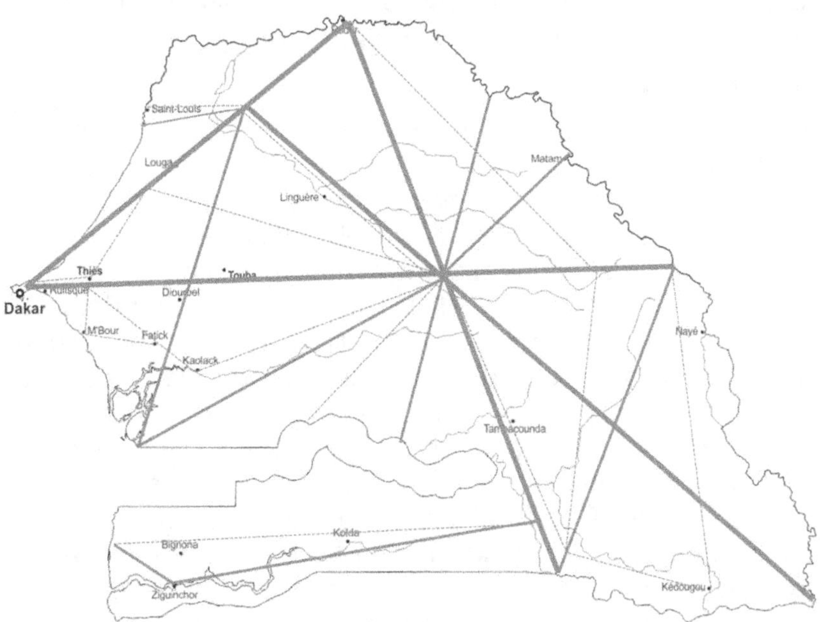

Ce nouveau réseau proposé élabore la construction de cinq autoroutes principales et plusieurs artères de raccordement. Parallèlement à ces autoroutes et artères, nous devons également construire des chemins de fer pour faciliter le transport de biens industriels majeurs. Les chemins de fer se sont avérés être le meilleur moyen de déplacer de grandes quantités de produits, en particulier industriels de façon plus sûrs et moins chers. En outre, les chemins de fer contribuent également à réduire l'usure des routes parce que moins de camions seront utilisés pour transporter des marchandises. Il libérera également ces autoroutes et le transport régulier sera plus facile.

Cependant, il ne faut pas revenir en arrière et utiliser la même stratégie pour financer l'Autoroute à Péage. Le financement de ce projet a été mal exécuté parce que principalement les recettes et les bénéfices seront retirés du pays pour les années à venir. Encore une fois, pour développer le Sénégal, une stratégie constante doit être d'empêcher que du capital et de la richesse sorte du Sénégal.

15. CRÉER UNE OBLIGATION GOUVERNEMENTALE POUR FINANCER L'INVESTISSEMENT DES ROUTES ET CHEMINS DE FER

Les obligations adossées au Gouvernement sont des droits exécutoires d'un gouvernement à une personne ou à une société dont la date d'échéance est fixée et dont le retour sur investissement est convenu. Des obligations d'État ont été utilisées dans de nombreux pays pour financer de grands projets d'infrastructure. En fait, il y a beaucoup de propriétaires d'entreprise et de particuliers réguliers qui ont beaucoup d'argent disponible et qui pourraient investir dans de tels projets. Les obligations sont également une option de placement préférée pour les gestionnaires de fonds et d'investissement parce qu'elles sont considérées d'être à risque minimum. Cette obligation pourrait être émise à une date d'échéance fixe et que chaque propriétaire reçoive un intérêt minimum de 12 %. Une fois les routes et les chemins de fer construits, les revenus seront générés par les péages pour les routes et les redevances perçues par les compagnies ferroviaires. Cela garantit que les bénéfices ne quitteront pas le pays et seront redistribués aux investisseurs locaux. Cette stratégie garantira également à ce que le pays ne soit pas pris au piège comme dans le cadre d'accords conclus depuis des décennies avec des entités extérieures.

16. INVESTIR UNIVERSELLEMENT DANS L'INTERNET À HAUT DÉBIT

Pour que le Sénégal devienne un pays viable et compétitif à long terme, la majorité de sa population doit avoir accès à l'Internet à haut débit. Tout le pays y inclus les villages autour de Tambacounda à Kédougou, doit avoir un internet rapide et fiable. La transmission de l'information, des systèmes éducatifs, des soins de santé, des fonctions commerciales dépendra à l'avenir de l'Internet. Par exemple, il existe des villages isolés au Sénégal qui n'ont pas les nécessités de base telles qu'un système scolaire décent pour leurs enfants, des établissements de santé même pour des visites médicales simples, des capacités bancaires, etc. Nous devons être réalistes et accepter qu'il faudra beaucoup de temps pour que ces infrastructures de base arrivent à ces régions isolées. L'internet pourrait être le pont pour l'instant. Avec l'internet par exemple, les enfants peuvent à l'école à distance et accéder à des outils éducatifs. Les consultations médicales peuvent se faire à distance avec un médecin situé n'importe où. Les particuliers et entreprises peuvent effectuer leurs transactions financières et opérations bancaires avec leurs téléphones s'ils ont un bon internet. Essentiellement, l'internet aidera les populations négligées qui vivent dans les coins les plus reculés de notre pays. Toutefois, le Gouvernement ne peut pas compter sur les entreprises de télécommunications pour fournir l'internet dans les endroits reculés. Ces sociétés privées concluront après une analyse coûts-avantages de base que l'investissement dans ces régions ne rapportera pas le profit immédiat qu'ils recherchent. Après tout, nous devons comprendre et accepter qu'ils ne sont pas en affaires pour connecter tout le monde, mais plutôt pour gagner des profits. Ainsi, le Gouvernement doit prendre le taureau par les cornes et construire ces infrastructures tout de suite. Ces personnes dans ces régions sont toujours nos citoyens et nous avons une responsabilité envers eux. Tout comme ceux des grandes villes, nous devons également les aider dans leur quête d'une vie où ils éduqueront leurs enfants, gagneront leur vie et effectueront certaines tâches nécessaires.

DEVENIR UNE NATION DE PATRIOTES

Malheureusement, au Sénégal, nous ne sommes pas des patriotes. Certainement il y a beaucoup de citoyens qui aiment ce pays et qui veulent le voir réussir. Cependant, lorsque toute la population est prise en considération, les idéaux du patriotisme sont inexistants. La preuve de ce manque de patriotisme se manifeste tous les jours et dans beaucoup d'exemples. Le citoyen moyen jette ignoblement sa poubelle sur route sur les espaces publics. Les gens ne travaillent pas ensemble ou ne s'entraident pas. La majorité ne se préoccupe que par leurs propres intérêts ou biens personnels. Il est très fréquent d'aller dans un quartier avec de belles maisons, et pourtant on se demande comment ses habitants permettent aux espaces communs de ressembler à un dépotoir d'ordures. Pour certaines raisons, ils se contentent de vivre dans leurs maisons de rêve, mais se soucient moins de l'état des routes ou de la racaille qui les entoure. En conduisant dans n'importe quelle rue du Sénégal, vous constaterez un manque total d'intérêt pour le respect des règles de conduite, d'éthique ou tout simplement de civisme. La corruption est également devenue normale au Sénégal. Aussi bien dans les relations avec les fonctionnaires que dans le cadre des activités commerciales quotidiennes, tout le monde a normalisé ce comportement, même s'il porte atteinte à la notion fondamentale d'intégrité. Ce ne sont là que quelques exemples de ce manque de patriotisme. Cependant, les preuves sont présentes dans tous les aspects de notre société.

Telles sont les trois questions fondamentales que nous devons nous poser :

1. Comment pouvons-nous rendre notre nation plus forte si nous sommes une nation pleine de personnes qui ne sont motivées que par l'intérêt personnel ?
2. Pourquoi blâmons-nous toujours nos dirigeants et nos politiciens lorsque nous exprimons nos frustrations face à la situation et aux problèmes de ce pays ?

3. Pourquoi croyons-nous que les choses vont
    s'améliorer un jour si le citoyen moyen ne change pas
    son comportement ou sa mentalité ?

Voici la dure vérité : les choses ne changeront pas et nous serons toujours dans la même position dans 50 ans. John F. Kennedy a fait une déclaration célèbre lors son discours inaugural en 1961 en devenant le 35ème président des États-Unis : "Ne demandez pas ce que votre pays peut faire pour vous, demandez ce que vous pouvez faire pour votre pays."

Cette déclaration est encore plus valable aujourd'hui dans notre pays. Sans la promesse d'une responsabilité personnelle de chaque citoyen pour faire avancer le pays, nous n'atteindrons jamais la terre promise. Nos petits-enfants naîtront encore dans une nation qui est pleine de citoyens qui n'apprécient pas l'essence du bien supérieur et les idéaux du vrai patriotisme.

17. S'ENGAGER SINCÈREMENT À L'IDÉAL DU PATRIOTISME

Pour devenir une nation plus forte et construire un avenir meilleur pour nos enfants, chaque citoyen doit s'engager au patriotisme. Avec cet engagement, chaque citoyen tiendra personnellement la tâche de montrer l'exemple. La responsabilité individuelle est la clé. Même si nous constatons que certains se comportent encore de manière antipatriotique, nous allons chacun continuer à essayer d'être l'exemple. Une marée montante soulève en effet tous les bateaux. Si nous restons déterminés à afficher et à démontrer les valeurs patriotiques, alors les choses vont commencer à prendre un tour pour le mieux. Les mauvais acteurs n'auront d'autre choix que de suivre les masses. Cela prendra peut-être du temps, mais nous y arriverons en fin de compte. Prendre cet engagement de patriotisme est quelque chose que nous devons faire si nous voulons sincèrement faire avancer notre pays.

La proposition ici est pour chaque citoyen qui a pris l'engagement de porter un bracelet violet tous les jours. Cette couleur représente une nouvelle façon, un sentiment de calme et d'espoir. En portant ce bracelet, ce citoyen aura pris l'engagement de suivre et de respecter les règles et les concepts, ainsi que le mode de vie d'un vrai patriote.

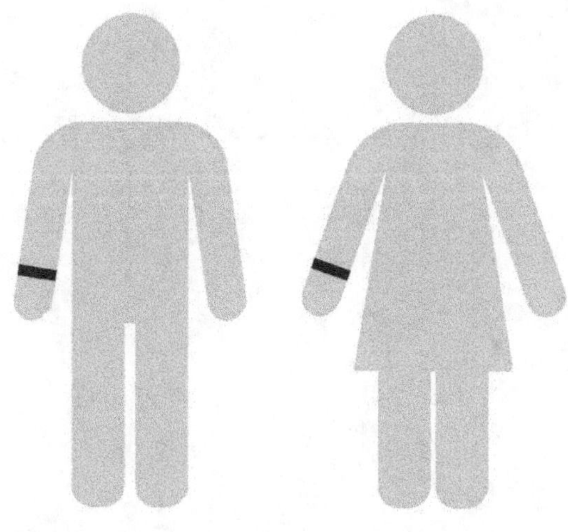

18. JE M'ENGAGE À MAINTENIR MA COMMUNAUTÉ ET MON PAYS PROPRE

Avec cet engagement,
1.   Je ne jetterai pas ma poubelle dans les rues
2.   Je confronterai également toute personne que je vois jeter des déchets dans les rues
3.   Je participerai autant que possible aux opérations de nettoyage de ma communauté

19. JE M'ENGAGE À NE PAS ACCEPTER OU OFFRIR DE POTS-DE-VIN

Avec cet engagement,
1.   Je ne proposerai de pots-de-vin à personne, même si cela limite certaines opportunités ou un gain économique personnel
2.   Je n'accepterai aucun pot-de-vin, même s'il entraîne une diminution de mes revenus potentiels
3.   Je confronterai toute personne qui s'engage actuellement ou qui cherche à s'engager dans la corruption

20. JE M'ENGAGE À NE PAS COMMETTRE D'ACTES CRIMINELS

Avec cet engagement,
1.   Je ne participerai à aucune activité criminelle
2.   Je signalerai toute illégalité aux agents de la force publique
3.   J'inciterai à tout moment la notion du respect de la loi

21. JE M'ENGAGE À ÊTRE RESPECTUEUX

Avec cet engagement,
1.   Je respecterai tous les citoyens jeunes ou vieux
2.   Je ne me livrerai pas à des propos incendiaires ou à la propagation de la haine, que ce soit dans la rue ou en ligne
3.   Je ne considérerai pas un concitoyen comme un ennemi en cas de désaccord

22. JE M'ENGAGE À ACCEPTER LA DIVERSITÉ

Avec cet engagement,
1. Je ne jugerai pas les gens sur la base de leur religion
2. Je ne jugerai pas les gens sur la base de leur origine ou de leur appartenance ethnique
3. J'aimerai chaque citoyen, quel que soit son statut économique ou sa classe

23. JE M'ENGAGE À VOTER

Avec cet engagement,
1. Je m'engagerai à voter lors des élections locales et nationales
2. Je m'engagerai à encourager mes concitoyens à voter à chaque élection
3. Je m'engagerai à participer aux discussions concernant ma communauté

24. JE M'ENGAGE À AIDER MES CONCITOYENS

Avec cet engagement,
1. Je partagerai mes ressources personnelles avec ceux qui sont moins chanceux que moi
2. Je me porterai volontaire chaque fois que possible pour soutenir des causes méritoires
3. Je recruterai d'autres personnes pour participer à des activités philanthropiques

25. JE M'ENGAGE À PROTÉGER LES ANIMAUX

Avec cet engagement,
1. Je traiterai civilement tout animal dont j'ai la charge en lui donnant une alimentation adéquate et des soins médicaux chaque fois que cela sera nécessaire
2. Je n'utiliserai pas les animaux comme des machines et ne les ferai pas travailler plus qu'ils ne le peuvent
3. Je signalerai aux autorités tout abus commis contre un animal

26. JE M'ENGAGE À RESPECTER NOS AUTORITÉS

Avec cet engagement,
1. Je respecterai chaque individu dans les forces armées, la police ou la gendarmerie
2. Je suivrai volontiers leurs ordres ou suggestions
3. J'encouragerai mes concitoyens à aussi les respecter et à les honorer

27. JE M'ENGAGE À RESPECTER ET À SUIVRE TOUTES LES RÈGLES CIVIQUES

Avec cet engagement,
1. Je m'engagerai à respecter nos facteurs unificateurs tels que notre drapeau et notre hymne national
2. Je m'engagerai à respecter ceux qui ont été élus par le peuple
3. Je m'engagerai à encourager mes concitoyens à adopter la notion de civisme

28. JE M'ENGAGE À AIMER MON PAYS

Avec cet engagement
1. Je serai fier des réalisations de mon pays même si elles sont minimes
2. Je serai optimiste quant à l'avenir de mon pays
3. Je ferai tout ce que je peux personnellement pour aider mon pays à atteindre son potentiel

CRÉER UN NOUVEAU SYSTÈME ÉDUCATIF

Nous devons accepter que le système éducatif actuel est tout simplement inadéquat, même s'il a légèrement évolué au cours des 20 dernières années. Il faut déplorer que ce système en vigueur ne prépare pas nos enfants aux changements du nouveau monde. Très compétitif, il exige une main-d'œuvre hautement qualifiée et exige que les étudiants qui sortent des écoles deviennent opérationnels immédiatement au sein des organisations. Nous ne préparons tout simplement pas nos enfants à entrer immédiatement dans ce nouveau monde. De leur entrée à l'école jusqu'à l'obtention de leur baccalauréat, nous les remplissons de beaucoup de théories et les forçons à étudier de nombreux sujets et concepts qui ne leur serviront pas à long terme. Par exemple, les forcer à étudier l'histoire du monde et de certains empires ou la géographie, et passer des années à enseigner la calligraphie parfaite ne fera pas d'eux les travailleurs idéaux pour la nouvelle économie. Nous devons changer complètement nos priorités en matière d'enseignement, changer nos contenus et objectifs d'enseignement afin de rester une nation économiquement viable à long terme. Nous devons également comprendre que le monde a changé et qu'en raison des progrès technologiques, les entreprises ne sont plus seulement compétitives au niveau local ou régional, mais à l'échelle mondiale. Une entreprise d'un pays d'Asie peut concurrencer directement une entreprise du Sénégal et s'approprier ses clients et ses bénéfices. L'endroit où ces organisations se trouvent n'a plus d'importance. Ce qui compte maintenant, c'est ce qu'elles peuvent fournir, à quel prix et avec quel type de qualité.

Alors, quels sont les domaines qui mènent le monde aujourd'hui et à l'avenir ?
1. Science
2. Technologie
3. Ingénierie
4. Mathématiques

Nous le désignons aussi **(STIM)**.

La présente proposition vise à réorienter l'ensemble de notre système éducatif vers une approche STIM. Cela doit prendre effet à partir du moment où les enfants commencent l'école jusqu'à leur baccalauréat.

29. ÉDUQUER POUR L'AVENIR

La présente proposition vise à ce que chaque école construise un centre de STIM, avec pour objectif principal de former les enfants aux industries et aux carrières de demain. Ils seront formés, mis au défi et encouragés à assimiler les connaissances dont ils auront besoin pour réussir à l'avenir. Ce nouveau changement dans l'éducation est de créer l'environnement idéal avec des technologies de pointe, des écrans et des laboratoires scientifiques et technologiques adéquatement équipés pour développer les prochains scientifiques, magnats de technologie, innovateurs, chercheurs médicaux, etc. Essentiellement, les compétences et les connaissances dont ils ont besoin pour soutenir la concurrence dans cette économie mondiale exigeante. C'est la seule façon de les préparer pour l'avenir.

L'utilisation d'un catalogue de cours basés sur les mathématiques et les sciences peut être fortement alignée sur les objectifs du programme scolaire public. Nous enrichirons le processus de découverte et d'apprentissage avec de vastes expériences scientifiques pratiques, la robotique, le codage et d'autres activités d'enseignement basées sur les sujets du STIM. Nous aiderons constamment nos enfants à comprendre comment les disciplines numériques offrent une solide base pour l'ingénierie, l'informatique et d'autres carrières liées aux STIM. Nos programmes éducatifs seront amplifiés par les expositions et les présentations du centre technologique et scientifique environnant, créant ainsi un lieu d'apprentissage qui dynamise l'éducation et incite au changement.

Sur la base de notre engagement rigoureux envers la prestation exceptionnelle de programmes à valeur ajoutée, nous prévoyons des preuves de nos efforts afin que les élèves et apprenants :

- Adoptent activement la vision de leur école et exploitent ses ressources pour accroître leur niveau de compréhension et leur intérêt pour les études liées aux STIM ;
- Obtiennent des améliorations mesurables de leur participation et de leurs performances en classe et de leurs résultats aux examens ;
- Augmentent le taux d'entrée dans les universités ;
- Soient le fer de lance d'un changement de culture, grâce à la participation enthousiaste d'un grand nombre de nos enfants à des programmes et des activités qui les préparent à poursuivre une carrière dans le domaine des STIM.

D'un point de vue collectif, nous devrions également anticiper cette nouvelle stratégie pour avoir un impact sur la réduction de la disparité des revenus au niveau national.

30. RÊVER GRAND POUR NOS ENFANTS

Nous enrichissons leur vie. Ils réussissent dans la vie. C'est aussi simple que ça !

En réponse aux nombreux défis ou problèmes sociaux qui affectent actuellement l'avenir de notre pays, la solution est de fournir des ressources éducatives supplémentaires mais importantes. Bien qu'aucune solution ne permette de remédier à toutes les préoccupations ou d'éliminer tous les problèmes, un centre de technologie et de sciences dans chaque école fournira une valeur considérable et incrémentale. Comme l'ont constamment démontré et fortement soutenu de nombreuses études reconnues, les centres STIM ont un impact significatif et positif d'un point de vue éducatif pour les enfants et leur communauté immédiate. Les centres scientifiques et technologiques ont également le potentiel d'avoir un impact transformateur sur plusieurs autres aspects de toute activité productive, y compris et surtout d'un point de vue économique et culturel.

31. ACTIVER UN PROCESSUS ÉDUCATIF ÉLARGI

Le centre STIM de chaque école sera une installation polyvalente à plusieurs niveaux qui abrite un espace équipé de divers écrans instructifs et interactifs et d'expositions de sciences et de technologies de pointe et hautement sophistiquées pour soutenir une exposition et une éducation constante, le centre offrira un environnement pratique et ingénieux qui permettra aux élèves de participer au processus de formation et d'améliorer leur compréhension et leur appréciation de l'impact que la science et la technologie, y compris tous les domaines de STIM ont sur leur vie, la société et aura sur l'avenir.

Le Centre collaborera également avec divers partenaires corporatifs-commanditaires dans le secteur STIM pour atteindre les principaux objectifs du centre. Ces efforts de collaboration permettront de façonner une installation qui comprend une vaste collection de projets pratiques, interactifs en technologie et en sciences. Les expositions seront mises à jour semestriellement afin de refléter les progrès continus et les tendances nouvelles ou différentes dans le domaine STIM.

32. ENGAGER LES ORGANISATIONS DANS LE SYSTÈME ÉDUCATIF

Les meilleurs dirigeants comprennent qu'un système éducatif florissant dans leur emplacement géographique aidera leurs entreprises à long terme. C'est parce qu'ils n'auront pas à faire venir des travailleurs qualifiés de l'étranger qui coûteront plus cher. Ainsi, les entreprises ont un intérêt mutuel à développer leurs communautés, en particulier dans le secteur de l'éducation.

Ainsi, chaque centre STIM de chaque école impliquera des entreprises qui se sont focalisées sur la technologie et la science pour mettre en valeur leur innovations et faire progresser leur marque et en même temps apportant une contribution sociale significative. Les partenaires peuvent mettre en valeur leurs technologies associées à un produit, une invention ou une innovation qu'ils ont déployée dans le marché. Ils peuvent également participer à l'enseignement sur les sujets avec dans le programme STIM.

Chaque centre STIM sera composé de 4 ailes.

33. CONCENTRER NOS ENFANTS SUR LA SCIENCE

$$E = MC^2$$

L'objectif de l'aile scientifique est de permettre aux élèves d'assimiler les principes fondamentaux de la science qui motivent nos progrès collectifs dans les divers domaines de notre vie et par la compréhension et l'utilisation d'études et d'approches scientifiques. L'un des objectifs du programme d'études est de fournir des exemples interactifs de l'application de la science ou de l'approche systématique et logique pour découvrir comment les petites et grandes choses fonctionnent et comment elles affectent nos vies. Grâce à la collaboration avec diverses entreprises dont leurs produits ou leurs offres de base proviennent de la science et de l'approche scientifique, les étudiants auront un aperçu de la relation de la science spécifique et des produits qui en résultent, y compris des contributions significatives qui ont amélioré nos sociétés. Chaque aile scientifique comprendra également un laboratoire entièrement fonctionnel et les ressources scientifiques, équipements technologies nécessaires pour soutenir les efforts d'étude expérimentale et enrichie.

34. CONCENTRER NOS ENFANTS SUR TECHNOLOGIE

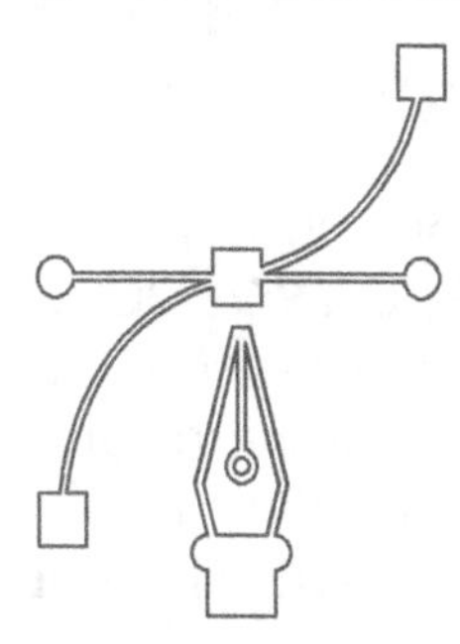

L'aile technologique contiendra un laboratoire informatique qui sera équipé de cinquante à cent ordinateurs pour soutenir la formation des élèves. Le laboratoire sera conçu pour répondre à un large éventail d'utilisations, y compris l'individualisation et l'apprentissage en groupe. L'un des principaux objectifs de l'aile technologique est d'offrir un accès et une solide introduction à la vaste gamme de technologies, et comment elles sont utilisées. Le partenariat avec plusieurs partenaires permettra d'inclure diverses expositions technologiques qui offrent une compréhension de base de la façon dont la technologie a évolué pour devenir ce qui est actuellement représenté dans l'environnement familial et commercial.

Idéalement, à travers les différents périphériques, y compris les expositions interactives, un élève complétera le nouveau programme d'études dans l'aile avec une nouvelle compréhension de l'évolution de la technologie, une foule d'applications qui sont activées par la technologie, la science générale qui a créé la base de la technologie, comprendra comment la technologie influe sur notre vie quotidienne et quelle allure elle aura potentiellement dans le futur.

Cette stratégie aura pour résultat de susciter un intérêt pour les élèves à en savoir plus et à identifier un rôle pour leur participation personnelle. L'inclusion par l'aile technologique d'un large éventail de technologies provenant des partenaires sera motivée par la volonté de ces organisations de travailler en collaboration et conformément à la mission pour créer un environnement d'éducation riche qui leur permettra d'accéder aux élèves et de susciter d'autres idées qu'ils pourraient autrement ne pas expérimenter. Les expositions soutiendront également les élèves qui apprennent le lien entre leurs études dans les divers domaines des mathématiques, sciences, ingénierie, à la médecine et autres sujets liés au STIM en général. Idéalement, le centre fournira un aperçu par l'engagement pratique qui stimulera et inspirera les étudiants à augmenter leurs efforts d'étude associés au sujet général et à poursuivre des carrières dans le domaine.

L'aile de la technologie comprendra également un domaine spécial axé sur la réalisation de ***FEMMES EN TECHNOLOGIE***, y compris les rôles de leadership que les femmes ont ou occupent dans le secteur. Ce domaine comprendra une perspective historique et actuelle sur les réalisations et les contributions significatives que les femmes en particulier ont apportées sur le terrain.

35. CONCENTRER NOS ENFANTS SUR L'INGÉNIERIE

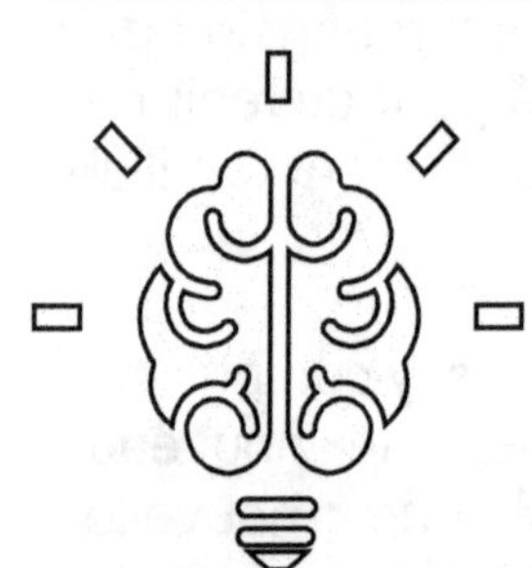

Ingénierie vient du mot latin « Ingéniosité ». Dans son vaste domaine, l'ingénierie offre de nombreuses possibilités de carrière parce que les ingénieurs sont toujours en forte demande. Ceux qui se spécialisent dans l'électronique, la construction, l'industrialisations et les machines en général ne chercheront jamais longtemps avant de trouver un emploi. En concentrant nos enfants sur l'ingénierie, nous leur ouvrons la porte à contribuer à notre développement parce qu'ils aideront à construire des ponts, des serres agricoles, des réseaux électriques, des routes plus intelligentes, à résoudre les problèmes de pollution, à trouver une nouvelle façon d'exploiter l'énergie, etc. À l'heure actuelle, les pays sous-développés comme le Sénégal sont constamment dans un piège en matière de développement des infrastructures. Nous voulons construire des installations, des routes, des zones industrielles très complexes, mais nous n'avons tout simplement pas l'expertise requise. Ainsi, il est toujours externalisé. Ensuite, nous nous plaignons pourquoi le peu d'argent que nous avons, quitte l'économie et paie pour les services extérieurs. Ce phénomène vicieux sera aussi à déplorer pour les années à venir. Au lieu de toujours solliciter l'aide d'experts étrangers lorsqu'un grand projet est en vue, nous devrions commencer à préparer nos enfants dès le plus jeune âge dans ces domaines afin qu'ils puissent un jour travailler pour leur pays et contribuer à son développement.

36. CONCENTRER NOS ENFANTS SUR LES MATHÉMATIQUES

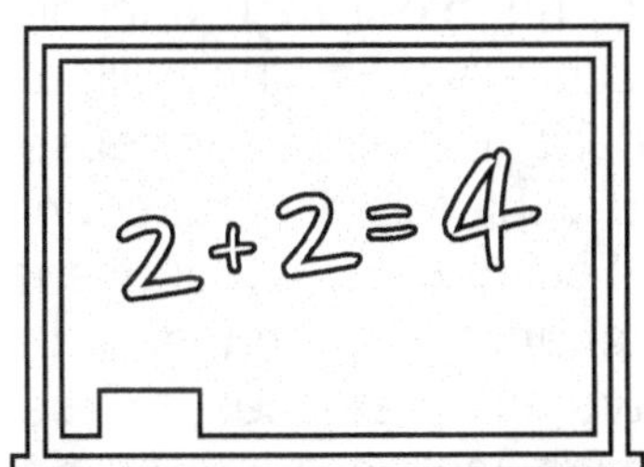

Les mathématiques sont l'un des outils les plus influents qui font tourner le monde. Dans presque tous les sujets qui comptent, les mathématiques contribuent à ses bases conceptuelles. Par exemple, l'intelligence artificielle devrait être le chef de file du monde de l'avenir. Une composante majeure de l'intelligence artificielle est l'apprentissage automatique. Aujourd'hui, les machines sont programmées pour apprendre des fonctions complexes et les reproduire à l'avenir. Avec l'apprentissage automatique, les fonctions statistiques sont utilisées parce qu'elles sont les mieux adaptées au traitement d'une grande quantité de données. À partir de cette analyse statistique, les machines peuvent désormais prédire un résultat futur afin de prendre la meilleure décision pour aujourd'hui. En fait, les progrès de ces domaines sont possibles grâce à la science mathématique.

37. CONCENTRER NOS ENFANTS TÔT

La proposition ci-après est très simple et peut être activée immédiatement. Dès que nos enfants sont capables de lire et d'écrire efficacement (généralement 8 ans), nous devons les concentrer sur l'un des quatre sujets. Et ils resteront avec ce sujet jusqu'à ce qu'ils obtiennent leurs baccalauréats. Une fois diplômés, ils peuvent décider de poursuivre leurs études au niveau universitaire en se spécialisant dans le domaine qu'ils ont choisi. Cela signifie également que nous avons besoin d'une refonte complète du programme d'études et aussi effectuer une formation intensive de nos enseignants. Au départ, nous pourrions sous-traiter ceux du secteur privé pour offrir l'éducation à nos élèves dans ces quatre domaines et nos enseignants réguliers peuvent prendre la relève au fur et à mesure.

38. CRÉER UN CENTRE NATIONAL DE FORMATION PROFESSIONNELLE

Nous devons accepter qu'il y'ait une grande partie de nos jeunes adultes (âgés de 16 à 30 ans) qui n'ont reçu aucune éducation formelle. Ce nombre est estimé à près d'un million. La plupart d'entre eux sont allés soit dans une école religieuse ou ne sont pas allés à l'école du tout. Toutefois, ils cherchent toujours à participer activement à l'économie. Ils peuvent prendre beaucoup de métiers comprenant, la maçonnerie, la mécanique, la menuiserie, etc. Leurs compétences ne se développent toutefois pas de façon significative au cours de leur carrière. Cela limite leur capacité d'augmenter leur revenu et capital social.

La proposition ici de créer un centre national de formation professionnelle qui aidera à accroître leurs compétences dans le domaine qu'ils ont déjà choisi, c'est-à-dire la maçonnerie ou la mécanique. Cette formation professionnelle doit être un programme national et doit avoir lieu dans toutes les régions. Sans frais, ils passeront par un programme d'études spécifique dans leur domaine d'intérêt jusqu'à ce qu'ils obtiennent un diplôme.

Ce centre de formation professionnelle aura de nombreux avantages pour les personnes touchées et le pays dans son ensemble. Ils comprennent :

- Réduction de la pauvreté
  - Le manque d'éducation est globalement reconnu comme la cause profonde de la pauvreté
- Amélioration du mode de vie
  - Plus quelqu'un est instruit, meilleures sont les décisions de vie qu'il prendra

- Amélioration de la socialisation
  - Dans les milieux éducatifs avec des personnes partageant les mêmes idées, les gens ont tendance à développer de bonnes relations, ce qui augmente leur qualité de vie globale
- Aide à la poursuite de passions
  - Beaucoup de gens aiment leurs métiers actuels et souhaitent en savoir plus. Cependant, ils ne peuvent pas évoluer parce qu'une structure éducative efficace fait défaut
- Procuration d'un sentiment d'accomplissement
  - Apprendre quelque chose et obtenir un diplôme aide à augmenter le niveau de confidence de quelqu'un et donc, la satisfaction dans la vie. Cela aide le pays parce que nous ne voulons pas d'une nation pleine de gens malheureux et privés de leurs droits.
- Amélioration de la productivité globale du travail
- Amélioration du moral des employés et de la satisfaction au travail
- Activation la pensée critique
- Favorisation de la discipline
- Réduction des licenciements
- Suivi des changements de l'industrie
- Accroît de l'adoption de nouvelles technologies et méthodes
- Favorisation de la croissance économique
  - Au fur et à mesure que l'éducation augmente, le revenu moyen augmente et le chômage est réduit
- Favorisation de l'égalité
  - La nation doit aider tous ses citoyens et leur donner une chance de réussir dans la vie. Nous ne devons pas faire croire à une grande partie de notre population qu'ils ne sont pas utiles. C'est ainsi que commencent les révolutions et la désobéissance civile.

- Réduction des activités criminelles
  - Lorsque nos jeunes sont impliqués dans des fonctions qualitatives et croient que cela aide leur vie, ils seront moins enclins à commettre des crimes.

CRÉER UN NOUVEAU CONTRAT SOCIAL

L'un des principaux facteurs empêchant le développement du Sénégal est l'absence de contrat social entre le pays et sa population. Ici, nous ne parlons pas des promesses vides faites pendant les élections, ou un programme aléatoire pour résoudre un certain problème, que ce soit pour la réduction de la pauvreté ou l'habitat. Ici, nous parlons d'un mécanisme qui permet à tout citoyen de subvenir aux besoins de sa famille, de vivre dans une résidence adéquate, et d'atteindre son potentiel. La base de référence du contrat social proposé est l'institution d'un processus systématique qui permettrait à tout citoyen la possibilité réelle d'un mouvement social et économique ascendant.

Avec la création d'un nouveau contrat social, nous pouvons sortir la majorité de la population de la pauvreté. Pour réaliser ce mouvement, nous devons d'abord opérer une réingénierie du système de classe sociale actuel.

Voici une estimation du système de classe actuel du Sénégal :

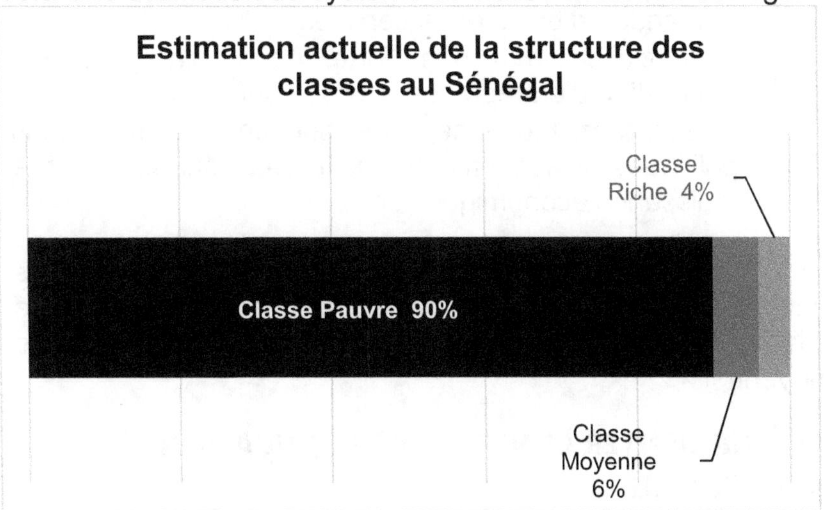

Tout contrat social qui serait mis en place, doit aider à réduire de manière significative la classe pauvre (ou classe vulnérable), et augmenter considérablement la classe moyenne. Si ce contrat social est effectif, voici une estimation du Sénégal dans 30 ans.

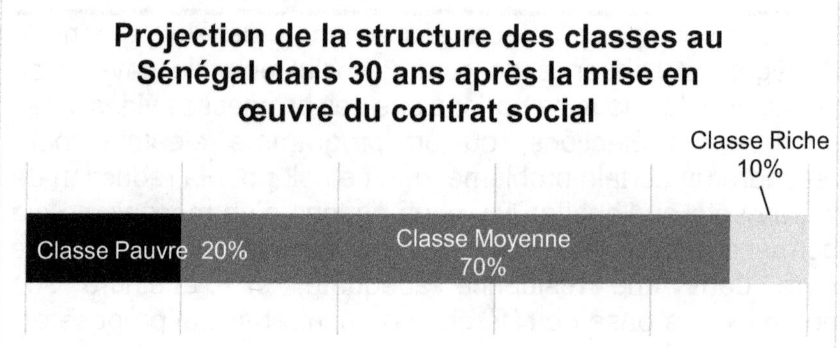

Essentiellement, nous devons faire sortir la majorité de la population de la classe pauvre vers la classe moyenne.

Voici les avantages d'avoir une majorité dans la classe moyenne dans n'importe quelle société :

- Une classe moyenne forte encourage le développement du capital humain et d'une population instruite ;
- Une classe moyenne forte crée une source stable de demande de biens et de services ;
- Une classe moyenne forte nourrit la prochaine génération d'entrepreneurs et de chefs d'entreprise ;
- Une classe moyenne forte soutient les institutions politiques et économiques inclusives, qui stimulent la croissance économique.

Le contrat social proposé ici est basé sur les structures suivantes à mettre en mouvement pour une mobilité continue à la hausse en particulier de la classe pauvre vers la classe moyenne.

39. AUGMENTER LE NIVEAU DE L'ÉDUCATION NATIONALE

Comme nous l'avons élaboré dans la Section de l'éducation, nous devons restructurer notre système d'éducation dans ces quatre domaines : Science-Technologie-Ingénierie-

Mathématiques (STIM). Avec un objectif d'instituer le modèle du STIM en commençant dès l'école maternelle, la population sera progressivement en mesure d'acquérir et de poursuivre ces emplois de hautes compétences et donc, être en mesure d'accéder à la classe moyenne.

40. AUGMENTER LES EMPLOIS QUI NÉCESSITENT UNE HAUTE COMPÉTENCE

Soyons réalistes. Nous n'aurons pas une classe moyenne forte avec les types d'emplois que la plupart des gens occupent aujourd'hui. Outre l'agriculture et la pêche, la majorité des Sénégalais exercent une sorte de petit commerce. Ces emplois peuvent fournir un petit revenu immédiat pour répondre à quelques besoins, mais ne favoriseront pas la création d'une classe moyenne plus forte et la création d'une richesse à long terme. La création de richesse d'un individu découle de l'acquisition d'un emploi hautement qualifié et compétitif qui est nécessaire au fonctionnement optimal des infrastructures requises au sein de l'économie.

Par exemple, les emplois hautement qualifiés suivants seront toujours nécessaires dans n'importe quelle économie. De plus, les compétences requises dans ces carrières sont facilement transférables entre les industries.

- Enseignants et professeurs
- Infirmiers
- Médecins
- Programmeurs informatiques
- Ingénieurs de logiciels
- Chirurgiens
- Ingénieurs mécaniques
- Dentistes
- Architectes
- Ingénieurs en pétrole, pétrole et gaz
- Pilotes
- Juges et magistrats
- Avocats
- Professionnels de la sécurité de l'information
- Pharmaciens

- Optométristes
- Comptables
- Mathématiciens
- Économistes
- Gestionnaires des ressources humaines
- Psychologues
- Directeurs de marketing
- Gestionnaires agricoles
- Ingénieurs civils
- Banquiers
- Ingénieurs maritimes
- Ingénieurs de construction
- Ingénieurs biomédicaux
- etc.

Ces types d'emplois seront toujours en demande et toute personne qui a les compétences pour les exécuter aura un bon emploi avec une rémunération adéquate. Toutefois, le Sénégal manque cruellement d'un approvisionnement robuste de ce type de travailleurs.

Pour changer de cap, nous devons rééduquer massivement notre population afin qu'elle comprenne que le mouvement social ascendant n'est pas fondé sur un programme élaboré par le Gouvernement. Il commence d'abord par poursuivre les types de carrières qui permettront l'employabilité à long terme. Il est donc essentiel que les parents concentrent et guident leurs enfants dans ces domaines. Malheureusement, au Sénégal, ce n'est pas toujours le cas. Certains parents se demandent pourquoi leurs enfants ne peuvent pas obtenir un emploi valable, mais ont quand même pris la décision pour eux de les inscrire dans une école religieuse quand ils étaient plus jeunes. Oui, la spiritualité est très importante et doit être priorisée dès le jeune âge. Toutefois, nous devons également prioriser le potentiel de gain à long terme d'un enfant. Ou bien, nous pouvons aussi incrémenter le curriculum des écoles religieuses en y intégrant la formation professionnelle

41. AUGMENTER LE NIVEAU DES SALAIRES

Le revenu moyen par habitant au Sénégal est d'environ 80.000 CFA / mois. Cette somme doit monter jusqu'à 500 000 CFA/mois pour amorcer une ascension de la population vers la classe moyenne. Ce montant doit être la norme de base quand analysons notre économie et son bienêtre. La raison pour laquelle c'est important d'atteindre ce chiffre est d'augmenter le taux d'épargne. Le Sénégalais moyen n'épargne pas parce que le peu dont il dispose, sert à payer se obligations de première nécessité. Le développement d'une nation d'épargnants aide l'économie dans son ensemble car, grâce à l'épargne, un salarié moyen peut mettre de l'argent de côté pour : avoir un acompte pour une maison ou une voiture, faire face aux urgences, investir davantage dans l'éducation de ses enfants, s'assurer un budget de retraite et s'engager dans des expériences intéressantes telles que les voyages. Tous ces avantages contribuent à l'amélioration de la qualité de vie globale d'une personne. Ils contribuent également à améliorer le statut social d'une personne.

42. FOURNIR DES SERVICES MÉDICAUX ABORDABLES

Sans de bons soins de santé appropriés, les gens ne pourront pas entrer dans la classe moyenne. Premièrement, si vous n'êtes pas en bonne santé, vous ne pouvez pas être un travailleur productif. Deuxièmement, si vous tombez malade et que vous n'avez pas un budget adéquat ou une assurance maladie, vous ne serez pas bien traité. Malheureusement, au Sénégal, le système de santé est tout simplement inexistant. Il n'y a pas assez d'hôpitaux et de prestataires de soins médicaux. Dans certaines régions reculées du pays, les gens doivent parcourir de longues distances juste pour un examen médical de base. C'est tout simplement inacceptable. L'Organisation Mondiale de la Santé (OMS) a estimé qu'il est idéal d'avoir environ 10 lits d'hôpital pour 1 000 personnes. Pour le Sénégal, on peut commencer avec 5 lits par personne.

Faisons le calcul :

Population estimée du Sénégal	16,500,000
Nombre nécessaire de lits/1000 personnes	5
Nombre de lits par personne	0.005
Nombre de lits requis au Sénégal	82,500
Nombre moyen de lits dans un hôpital	100
Nombre d'hôpitaux requis au Sénégal	**825**

Le Gouvernement doit avoir pour objectif de construire un minimum de **825 hôpitaux dans tout le pays**. Bien sûr, les zones à plus forte densité de population auront besoin de plus d'hôpitaux. De plus, certains hôpitaux n'auront pas besoin de 50 médecins et de 150 infirmières. Ils seront beaucoup plus petits en fonction une fois de plus de la densité de population. La formule est très simple. Comme on l'a souvent vu, le principal obstacle à la construction de nouveaux hôpitaux est le financement.

D'où viendra l'argent ? La réponse est très simple : nous pouvons trouver l'argent pour construire des hôpitaux.

La voie la plus raisonnable pour construire de nombreux hôpitaux au Sénégal est par le biais de **partenariats publiques-privés (PPP)**. Les hôpitaux sont en fait une excellente voie d'investissement pour les investisseurs parce qu'ils savent que les gens tomberont toujours malades et auront besoin de soins. Ainsi, il y aura toujours des clients. Avec des incitations appropriées telles que des abattements fiscaux, des dotations foncières et des subventions publiques, de nombreux investisseurs viendraient à la table des négociations. Entre autres, l'autre question principale est la suivante : maintenant que nous avons des hôpitaux, comment les clients paieront-ils pour les services parce qu'ils ne peuvent pas être gratuits ? La réponse est l'établissement d'un **programme national d'assurance médicale**. Chaque personne le paiera mensuellement et quand et s'il a besoin de soins, l'assurance s'occupera des factures. Par conséquent, les hôpitaux ne factureront pas les clients directement, mais plutôt leur assurance. Et finalement ; la dernière question : Est-ce que la personne moyenne sera en mesure de payer de son assurance chaque mois. Oui parce que le modèle de moteur économique qui a été élaboré fournira des emplois bien rémunérés et le client moyen pourrait supporter ce coût. En fait, tous ces programmes proposés doivent monter en même temps pour qu'ils marchent.

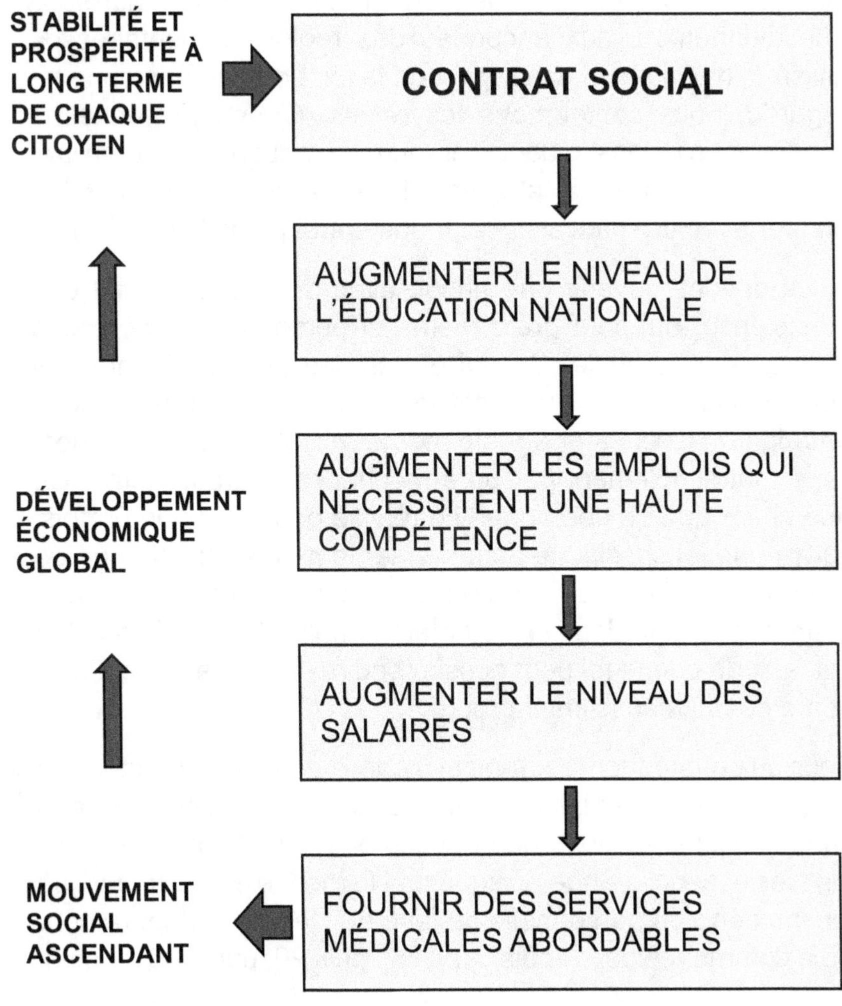

DEVENIR UNE NATION DE LOI ET D'ORDRE

Pour qu'une nation se développe, ses dirigeants et son peuple doivent respecter les lois établies. Nous ne pouvons pas espérer de faire avancer ce pays si nous ne décidons pas tous de devenir une nation de loi et d'ordre. Nous devons tous conclure que des citoyens qui se basent sur des principes vertueux mériteraient un pays prospère. Nous nous demandons pourquoi nous sommes toujours dans cette situation difficile, mais pourtant nous agissons quotidiennement aux antipodes des règles élémentaires de civisme, d'éthique et de respect de la loi. Lorsque personne ne regarde, nous contournons les règles. Quand personne ne vérifie, nous volons. Quand personne ne peut nous poursuivre, nous commettons des atrocités. Lorsque nous pouvons nous en tirer avec un mauvais acte, nous enfreignons la loi.

Nous devons devenir une nation avec des gens qui ont une conscience, qui sont prêts même si personne ne cherche à faire ce qui est juste. Ce qui est encore plus troublant dans notre nation aujourd'hui, c'est le fait que beaucoup de gens enfreignent la loi ou une règle même s'ils n'y sont pas obligés. Ils le font simplement par pure méchanceté et amertume. Ce que ce groupe de personnes ne réalise pas, c'est que parfois, suivre une loi spécifique peut donner le même résultat que de l'enfreindre. Tant de personnes croient qu'elles peuvent avancer plus vite dans la vie en étant malhonnêtes alors qu'en fait, agir de bonne foi peut aussi produire de meilleurs résultats et même une conscience propre.

Pour qu'un changement radical s'opère au niveau national en faveur de l'ordre public, il faut que chaque citoyen s'engage personnellement. Nous ne pouvons pas nous tourner vers les masses et conclure que puisque tout le monde est de mauvaise foi, ma décision personnelle de faire du bien ne changera rien. Cela commence par 1, puis 3, puis 7, puis 20, puis 100, et ainsi de suite. C'est ainsi que des changements spectaculaires se produiront. Chacun assume sa propre responsabilité (sans regarder autour de soi pour voir comment les autres agissent) de faire ce qui est juste.

Néanmoins, il y a des actions spécifiques que nous pouvons prendre dès maintenant pour forcer les gens à agir correctement dans l'espoir que, progressivement, les gens suivront la loi sans être contraints.

43. CRÉER UNE FORCE D'INTERVENTION DE LUTTE CONTRE LA CORRUPTION

Beaucoup d'entre nous font face constamment aux corruptions flagrantes avec la majorité des institutions sénégalaises. De la police, à la gendarmerie, les mairies, tribunaux, bureaux administratifs-ils sont tous impliqués. Nous savons tous qu'au Sénégal l'influence parle fort et que l'argent parle encore plus fort. Nous savons que nous pouvons simplement payer pour résoudre de graves problèmes juridiques, ou payer pour l'accès, ou payer quelqu'un pour regarder de l'autre côté, ou corrompre quelqu'un pour traiter nos documents plus rapidement. C'est la norme au Sénégal et c'est honteux. Pour que ce pays avance, la corruption ne peut pas faire partie de ses institutions.

Il est proposé ici de créer une force d'intervention indépendante de lutte contre la corruption afin d'éradiquer ce mal qui sévit dans notre société depuis bien trop longtemps :

Leurs fonctions seront les suivantes :
- Enquêter les violations de toutes les lois ;
- Enquêter et poursuivre les personnes impliquées dans des pots-de-vin ;
- Enquêter et poursuivre les personnes impliquées dans des pourboires illégaux ;
- Enquêter et poursuivre les personnes impliquées dans l'extorsion de contrat ;

- Enquêter et poursuivre les personnes engagées dans le truquage d'offres ;
- Enquêter et poursuivre les personnes impliquées dans le blanchiment d'argent ;
- Enquêter et poursuivre les personnes impliquées dans des collusions ;
- Enquêter et poursuivre les personnes engagées dans des conflits d'intérêts ;
- Enquêter et poursuivre les personnes engagées dans des complots d'entreprise ;
- Enquêter et poursuivre les personnes impliquées dans des actes de corruption dans les points d'entrée de nos ports ;
- Aller sous couverture dans les bureaux administratifs du gouvernement pour enquêter leurs intentions et comportements corrompus ;
- Aller sous couverture dans la police et les gendarmeries, et les institutions de l'armée pour enquêter leurs intentions et comportements corrompus.

Mise en place structurelle de la Force d'intervention

Pour que ce groupe soit efficace, il doit être complètement indépendant de toute branche du Gouvernement. Ils ne doivent pas agir sur ordre ou instruction du Président, de l'Assemblée Nationale ou de la Cour Suprême. Ils doivent être 100% autonomes et auront le pouvoir de poursuivre toute allégation sur le territoire national. Des considérations et des exceptions particulières peuvent être accordées au pouvoir exécutif, car leur travail est parfois de nature délicate et ne peut être pleinement exposé. La direction doit être choisie par vote à l'Assemblée Nationale qui aura également une surveillance générale de ses activités.

44. INSTITUER UN SYSTÈME DE PERMIS À POINTS

L'une des principales situations dans laquelle nous faisons face à l'anarchie au Sénégal est quand nous sommes sur les routes. La majorité ne suit pas les règles de la route. Les gens se garent au milieu des axes pour arrêter la circulation, changent de voie sans signalisation, ne respectent pas les feux rouges, ne donnent pas le droit de passage quand il le faut, ou conduisent sans assurance, ni permis de conduire. Essentiellement une jungle, avec des personnes qui y vivent et qui conduisent sur ses routes.

Avec un système de points, chaque infraction constatée par un agent des forces de l'ordre entraînera une perte de points par rapport à son quota.

Structure du système de points proposé
- Chaque conducteur commencera avec 12 points et qui se renouvelleront tous les 2 ans
- Chaque infraction en fonction de sa gravité emportera des points de 3 à 12
- Lorsqu'une personne a perdu 12 points, son permis de conduire sera révoqué et elle perdra ses privilèges de conduite pendant 6 mois
- Les points accumulés par les conducteurs déjà suspendus entraîneront une suspension supplémentaire du permis
- Pour le récupérer, un conducteur doit retourner à l'école de conduite et réussir un examen
- Qui conduit sans permis de conduire, ira en prison pendant 1 jour

Infractions et déductions proposées pour la structure des points :

Infraction	Nombre de points
Jeter sa poubelle à partir son véhicule	3
Défaut de s'arrêter à un feu rouge ou à un panneau d'arrêt	3
Défaut de s'arrêter à la circulation venant en sens inverse	3
Passage incorrect	3
Passage inadéquat dans un pont ou un tunnel	3
Suivre une voiture de trop près	3
Retournement inadéquat	3
Défaut de signaler correctement	3
Passer sans signalisation	3
Conduite agressive	4
Excès de vitesse de 20 *km/h ou* plus au-dessus de la limite de vitesse affichée	4
Défaut de s'arrêter sur les lieux d'un accident	4
Défaut de donner passer à un véhicule d'urgence	4
Conduite du mauvais côté de la route	6
Bloquer l'accès à une installation ou à une route	6
Conduire un véhicule dangereux (pas d'inspection, freins défectueux, pas de phares, etc.)	8
Tenter d'échapper à la police	12
Conduire un véhicule sous l'influence de drogues ou d'alcool	12
Conduire avec un permis suspendu	12
Homicide involontaire au volant	12

Pour que l'ensemble de ce système fonctionne, les dispositions suivantes doivent être mises en place :

- Une base de données centrale contenant tous les permis de conduire
- Les responsables de l'application de la loi seront équipés d'une tablette qui peut accéder à cette base de données en entrant simplement un numéro de permis de conduire
- Lorsque l'infraction se produit, une amende peut être émise directement à partir de leur tablette prédéterminée en fonction de son niveau de gravité
- Chaque amende doit être payé dans les 30 jours ou le système suspendra automatiquement le permis pour non-paiement

<u>Remarque</u> : Cette technologie est déjà disponible et largement utilisée dans de nombreux pays. Le coût d'installation initiale et sa maintenance continue peuvent être pris en charge par les revenus générés des amendes.

CONSTRUIRE DES VILLES INTELLIGENTES

Les conditions de vie actuelles au Sénégal, en particulier à Dakar, sont très grave. Depuis des années, nous savons tous que la capitale est surpeuplée. Pour rappel, Dakar ne couvre que 0.3% de la superficie totale du pays et abrite 23% de la population du Sénégal. Voici donc les conséquences que nous constatons tous les jours :

- La croissance exponentielle à Dakar a augmenté le taux de pauvreté ;
- Les gouvernements locaux ne sont pas en mesure de fournir les services de base à la population.

Pollution

- L'utilisation concentrée de l'énergie a entraîné une plus grande pollution de l'air avec un impact important sur la santé humaine. Cette mauvaise qualité de l'air a des conséquences importantes sur la santé, car elle expédie des taux plus élevés de maladies respiratoires et cardiaques et des taux de mortalité plus élevés dans la capitale.
- Les gaz d'échappement des automobiles produisent des niveaux élevés de plomb dans l'air urbain
- De grands volumes de déchets non collectés créent de multiples risques pour la santé des populations
- Les risques environnementaux tels que les inondations soudaines sont toujours présents

Surpeuplement

- Entassement résidentiel : les quartiers sont emplis de maisons, immeubles, installations commerciales, et tout autre bâtiment
- Encombrement des maisons : En raison du manque d'espace, le prix d'acheter ou de louer une maison est excessif. Ce qui force les gens à s'entasser dans de petites maisons. À Dakar, il est normal de trouver une maison avec 2 chambres et 1 salle de bains abritant plus de 15 personnes.

- Sans Domicile Fixe : les gens émigreraient d'un village dans l'espoir de trouver une vie meilleure dans la capitale. Cependant, une fois qu'ils arrivent et font face à la réalité, ils se rendent vite compte que trouver un bon emploi est difficile, et le logement très cher. Ainsi, ils n'ont pas d'autre choix que de vivre dans la rue.
- Circulation et transport : plus de 3 millions de personnes à Dakar doivent se déplacer quotidiennement pour de nombreuses raisons telles qu'aller au travail, à l'école, faire des courses, etc. Cela a créé un blocage complet dans Dakar et dans toutes les directions.
- Problèmes de santé mentale : lorsque les villes sont surpeuplées et que les embouteillages sont extrêmes, cela augmente le niveau de stress des gens. Au fil du temps, le stress continu entraîne divers problèmes de santé mentale. De nombreuses études ont révélé que les résidents urbains ont de pires problèmes de santé mentale que les résidents ruraux.

Éducation Publique

- En raison du grand nombre d'élèves qui doivent être servis, les écoles publiques sont sous-financées en ce qui concerne les éléments essentiels tels que : les livres scolaires, équipements et d'autres matériels pédagogiques.
- Les salles de classe sont surchargées d'élèves et de nombreuses écoles publiques doivent doubler la capacité de classe acceptable pour servir les nombreux enfants.

Criminalité

- Plus la densité de population est élevée, plus le taux de criminalité sera élevé. En fait, des villes comme Dakar ont des taux beaucoup plus élevés de crimes que les petites villes ou les zones rurales. Le taux de criminalité est projeté d'augmenter considérablement à Dakar dans les années à venir

Cependant, les solutions proposées jusqu'à présent ne sont pas efficaces, car elles ne résolvent pas les problèmes inhérents. Nous devons faire preuve d'audace et voir plus grand. Pour vraiment résoudre ce problème, nous devons construire des villes intelligentes. Ces villes intelligentes seront développées pour répondre à tous les problèmes soulignés ci-dessus. Elles seront construites pour une population comprise entre 10 000 et 50 000 habitants.

Premièrement, pourquoi devons-nous construire ces villes intelligentes ?

- Un logement décent et stable offre plus qu'un toit au-dessus de la tête de quelqu'un, il fournit également :
  - Stabilité pour les familles et les enfants ;
  - Sens de la dignité et de la fierté ;
  - Santé, sécurité physique et sécurité ;
  - Augmentation des possibilités d'études et d'emploi.

La capacité transformationnelle d'un bon logement

- Des logements propres et adéquats sont essentiels à la prévention et aux soins des maladies de la pauvreté comme le VIH/sida, la tuberculose, la diarrhée et le paludisme.

- Les recherches montrent que les enfants de moins de 5 ans vivant dans un logement décent ont 44% moins de paludisme, de maladies respiratoires ou gastro-intestinales que les enfants vivant dans des maisons inadéquates

Avec ces deux concepts à l'étude, tournons la page et commençons à construire un nouveau monde pour notre population.

45. CONCEVOIR UN NOUVEAU SYSTÈME DE VIE

Nous avons besoin de tourner la page et réingénier/réinventer/ notre système de vie personnelle et communale. C'est ce que représente une VILLE INTELLIGENTE : un changement générationnel dans la façon de construire et de vivre :

- Imaginez une ville 100% autosuffisante
- Imaginez une ville si adaptable qu'elle peut être construite n'importe où

- ▶ Imaginez une ville qui dépasse toutes les limites de la construction conventionnelle
- ▶ Imaginez une ville capable de transformer des lieux désolés en habitations humaines
- ▶ Imaginez une ville qui peut être construite en quelques mois au lieu de plusieurs décennies

C'est ce que représente UNE VILLE INTELLIGENTE. Une façon intelligente de construire, de vivre et de maximiser toutes les possibilités à l'intérieur de ses limites.

Grâce à l'introduction d'une ingénierie intelligente et de technologies révolutionnaires, le Sénégal a une formidable opportunité de construire des maisons intelligentes et des installations complémentaires qui peuvent sortir des communautés entières des menottes de la pauvreté. De plus, devrions-nous nous limiter aux normes conventionnelles de ce qui est faisable ou de ce qui est réalisable. N'importe quelle communauté peut rejoindre le niveau de vie acceptable du 21ème siècle. N'importe quelle entreprise peut opérer dans cette ville et fournir à ses employés des logements confortables.

Spécifications de la Ville Intelligente

La ville intelligente est conçue comme un développement à usages multiples intégrant tous les attributs nécessaires pour soutenir une qualité de vie souhaitable pour une population prévue entre 10 000 et 50 000 habitants. Dans toute ville intelligente, les gens peuvent vivre, travailler, s'instruire et profiter de divertissements et de toutes autres activités récréatives

L'objectif de Ville Intelligente est autonome pour les raisons suivantes :

- Sa population peut croître et produire sa propre nourriture à l'intérieur grâce à des serres spécialisées qui peuvent être adaptables à n'importe quel environnement
- L'utilisation complète de l'énergie propre en est la pierre angulaire

- Les déchets produits quotidiennement seront recyclés et reconvertis en énergie et en autres produits qui seront réutilisés par la communauté.
- Les voitures et autres machines peuvent fonctionner avec des énergies propres et renouvelables
- L'urbanisme profitera de tous les éléments de la nature

Voici l'exemple d'une Ville Intelligente proposée pour une population d'environ 20 000 habitants. Elle aura la combinaison suivante de logements et d'installations :

RÉPARTITION DE LA VILLE INTELLIGENTE		
Fonction	**ZONE**	**Acres**
Zone Agricole	Zone-1	60
Zone Commerciale	Zone-3	30
Zone Religieuse	Zone-2	2
Zone Historique, Culturelle	Zone-2	6
Zone Éducative	Zone-4	15
Zone Résidentielle	Zones-5 à 9	234
Zone de Traitement des Eaux Usées	Zone-10	8
Zone Récréative	Zone-11	1
Usine de Traitement des Déchets	Zone-12	10
Zone D'assainissement	Zone-13	60
Zone Médicale	Zone-14	20
Zone Administrative	Zone-15	10
		456

- **<u>POPULATION TOTALE PRÉVUE</u>** : ±20 000 personnes, dont 0.02 Acres par personne
- **<u>DENSITÉ :</u>** 12 000 chambres habitables, dont 0.6 chambres par personne
- **<u>STRUCTURE FONCIÈRE :</u>** 456 acres, 2 routes d'accès

Capacités des maisons de la Ville Intelligente

- Une technologie simple de "mur encadré" - l'une des plus testées au monde, conforme aux codes les plus stricts, pour protéger des tremblements de terre et des vents à haute vitesse
- La structure est faite de montants en acier galvanisé et conçue comme une "cage d'acier", comme celle des voitures Volvo
- Conformité avec le Code uniforme de construction (UBC) ; le Code international de construction 2000® (IBC) et le Code international de construction résidentielle 2000® (IRC)
- Ne se décomposera pas, ou ne produira pas de gaz dangereux et de ses composants : (acier, isolation en fibre de verre et revêtement en fibre de ciment) sont intrinsèquement résistants à la moisissure et au feu
- La conception de Ville Intelligente peut intégrer des systèmes entièrement durables tels que les panneaux solaires et l'éclairage LED, les stratégies de ventilation naturelle, et la collecte et la filtration de l'eau de pluie pour traitement et réinjection dans le réseau.
- La conception standard de Ville Intelligente est élevée hors du sol pour se protéger contre les inondations
- La main-d'œuvre locale peut être utilisée pour construire les maisons et les installations

Aperçu de la ville intelligente

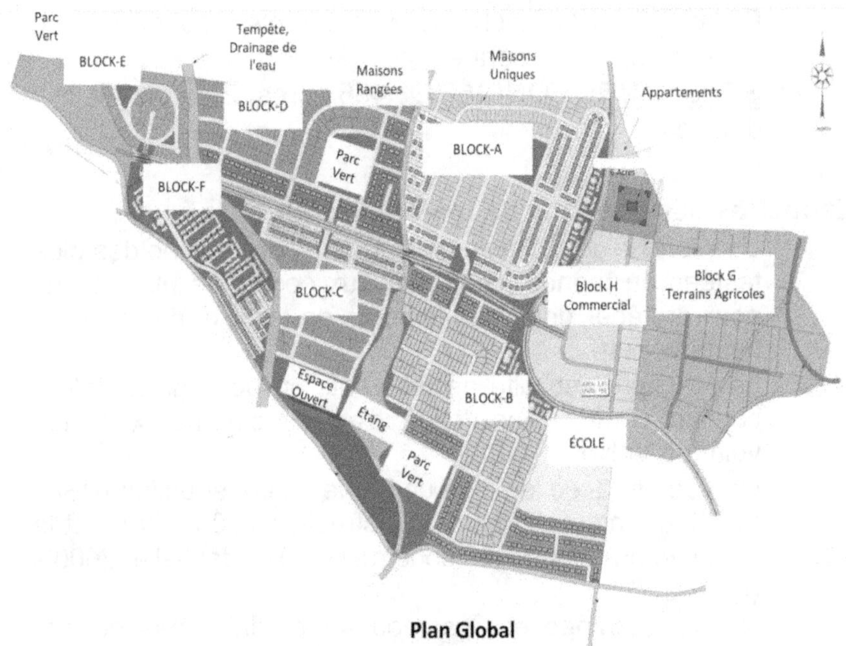

46. CONSTRUIRE UN NOUVEAU MODÈLE DE MAISONS

Les maisons de la Ville Intelligente auront les spécifications suivantes :

Ventilation naturelle

Le refroidissement passif de la maison est facilité par les techniques de ventilation croisée. L'air plus frais est dirigé à travers et sous la structure, tandis que l'air chaud ascendant est libéré par des orifices situés près du plafond.

Intégrité structurelle

La structure proposée est constituée de panneaux d'acier légers avec un revêtement extérieur en fibre-ciment et une isolation en fibre de verre. La structure est une boîte tridimensionnelle conçue pour fléchir en toute sécurité sans défaillance structurelle et peut être construite rapidement et selon un processus contrôlé cohérent, sans avoir besoin de béton ou de procédures humides.

Matériaux efficaces

Les assemblages muraux, de toit et de plancher sont fabriqués à partir de pièces isolées en acier structurel qui aident à atteindre une valeur de résistance thermique élevée. En outre, tous les matériaux sont facilement transportés, construits et installés avec une main-d'œuvre locale.

Énergie solaire

L'énergie solaire est exploitée dans un chauffe-eau solaire, et avec l'utilisation de petits panneaux photovoltaïques, peut également fournir l'électricité nécessaire pour faire fonctionner des ampoules LED efficaces avec un cycle de vie très long (10 ans).

Peu d'entretien et un minimum de pièces de rechange nécessaires

Tous les matériaux sont sélectionnés pour être imperméables à l'humidité, à la décomposition, dommages causés par le soleil, et aux propriétés exceptionnelles d'usure.

Réseau d'égouts écologiques

Système communautaire intégré d'égouts écologiques livré à chaque site pour la digestion des déchets, les solides sont transformés en "eaux grises" que peuvent être réutiliser pour les toilettes et les plantes.

Système de purification de l'eau

La technologie existe pour purifier l'eau à un niveau de 99,99%

Ampoules LED

Dernière technologie d'ampoules à très faible consommation et longue durée de vie de 50 000 heures

CONCEPTION UNIQUE AVEC TOITURE ÉQUIPÉE D'UN SYSTÈME DE RÉCUPÉRATION D'EAU

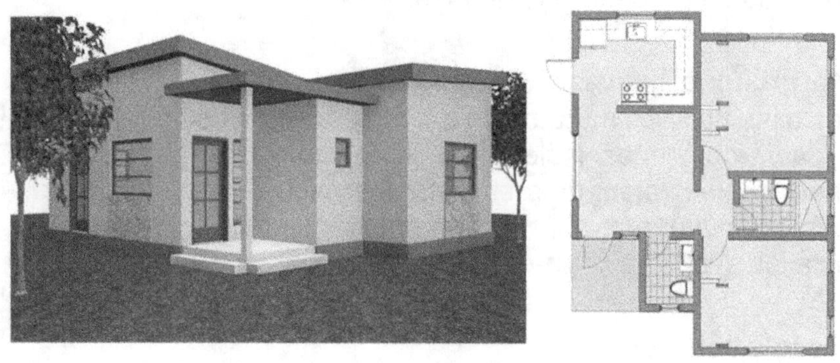

80 m². EXEMPLE DE PLAN

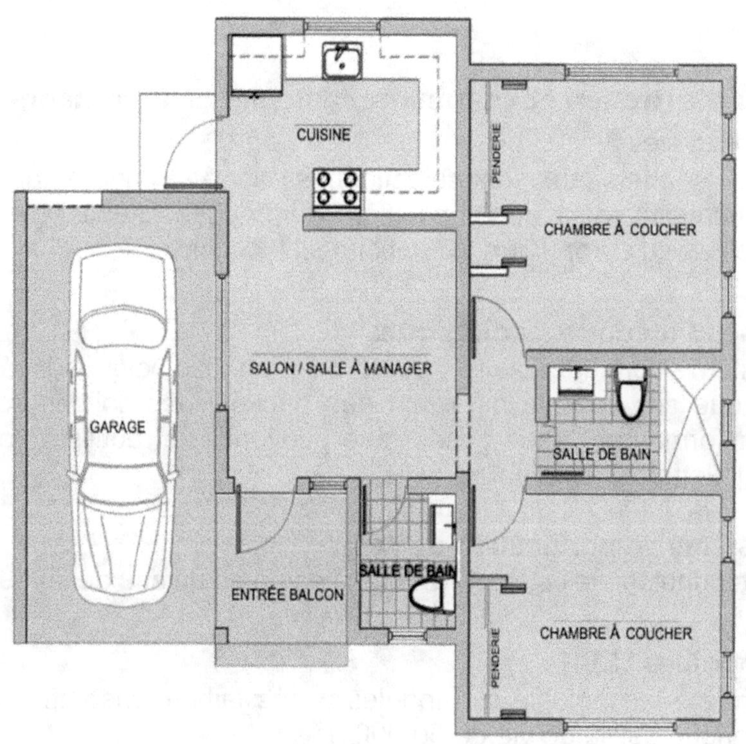

100 m². EXEMPLE DE PLAN D'ÉTAGE

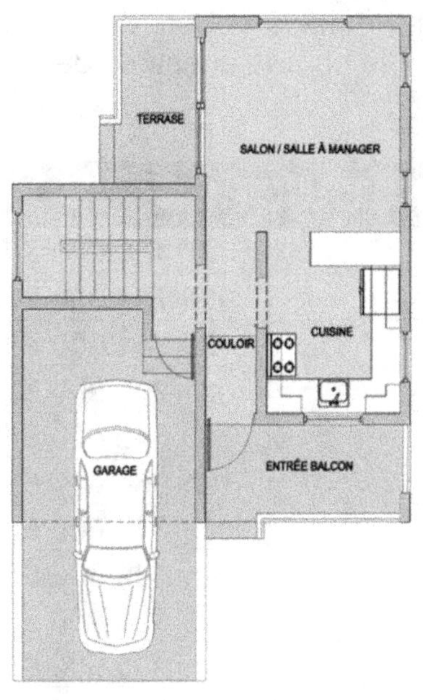

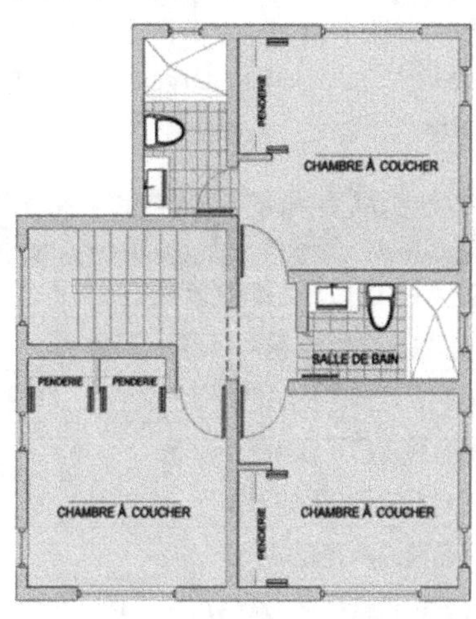

PLAN PREMIER ÉTAGE 130 m².

PLAN DEUXIÈME ÉTAGE 130 m².

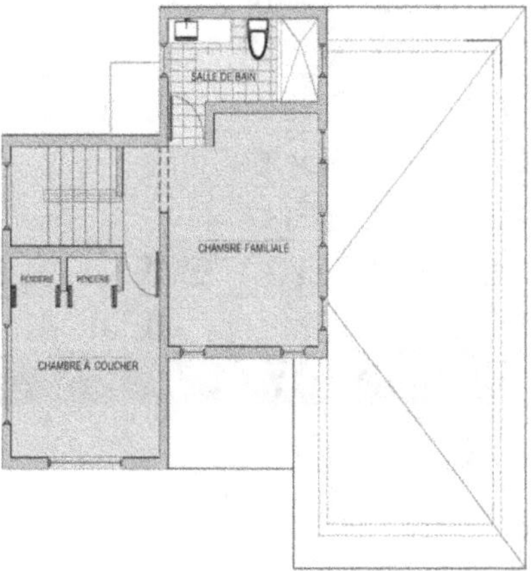

Budget estimé pour la ville

Des recherches minutieuses et approfondies ont été menées et les budgets suivants représentent le coût total estimé de la ville :

BÂTIMENTS ET CONSTRUCTION	
MAISONS UNIQUES	**47 450 000 $**
MAISONS RANGÉES	**50 752 000 $**
APPARTEMENTS	**34 944 000 $**
ESPACES VERTS	**210 000 $**
ÉCOLE/PARC	**3 500 000 $**
TERRAINS	**5 964 000 $**
TERRAINS AGRICOLES	**330 000 $**
TRAITEMENT DES EAUX USÉES	**400 000 $**
ESPACES VIDES	**150 000 $**
Commercial	**200 000 $**
TERRAINS	5 000 000 $
*INFRASTRUCTURE	30 635 147 $
INSTALLATIONS DES SERRES	10 000 000 $
*INSTALLATIONS COMMERCIALES	3 000 000 $
*CENTRE RELIGIEUX	1 000 000 $
*CENTRE CULTUREL	1 000 000 $
*CENTRE ÉDUCATIF	5 000 000 $
*ASSAINISSEMENT	5 000 000 $
*USINE DE TRAITEMENT DES DÉCHETS	500 000 $
*ÉTABLISSEMENT MÉDICAL	5 000 000 $
BUDGET TOTAL	**210 035 147 $**

- **INFRASTRUCTURE :** Comprend les travaux sur le site, les routes, les services publics, l'éclairage, les portes d'entrée d'aménagement paysager, les clôtures et la signalisation.
- **INSTALLATIONS COMMERCIALES :** centre commercial et bâtiments de soutien au commerce de détail
- **CENTRE RELIGIEUX :** Lieux de prières
- **CENTRE CULTUREL :** Centre d'activités
- **CENTRE ÉDUCATIF :** De la maternelle à l'école secondaire
- **ASSAINISSEMENT :** traitement et recyclage des déchets
- **INSTALLATION MÉDICALE :** Clinique médicale avec équipements pour effectuer des services médicaux réguliers

PROCESSUS DE CONSTRUCTION PROGRESSIVE

TYPE D'UNITÉ	Phases
Maisons Uniques	Phase I
Maisons Rangées	Phase I
Appartements	Phase I
Lots agricoles	Phase I
Traitement des égouts	Phase I
Maisons Uniques	Phase II
Maisons Rangées	Phase II
Appartements	Phase II
École /Parc	Phase II
Espaces verts	Phase II
Maisons Uniques	Phase III
Maisons Rangées	Phase III
Appartements	Phase III
Parc patrimonial	Phase III
Zone Religieuse	Phase III
École/Parc	Phase III
Espaces verts	Phase III
Maisons Uniques	Phase IV
Maisons Rangées	Phase IV
Appartements	Phase IV
Centre Commercial	Phase IV
École /Parc	Phase IV
Parc	Phase IV
Maisons Uniques	Phase V
Maisons Rangées	Phase V
Appartements	Phase V
Centre Commercial	Phase V
École/Parc	Phase V
Espaces verts	Phase V

Aperçu Global de la Ville Intelligente :

La proposition souligne ici que la construction de villes plus petites et plus intelligentes à travers le pays aura les avantages suivants :

- Réduction progressive de la pauvreté ;
- Les gouvernements locaux seront en mesure de fournir des services de base à leur population ;
- Réduction de la pollution ;
- Une meilleure qualité de l'air ;
- Les déchets seront collectés efficacement, réduisant ainsi les risques pour la santé ;
- Moins de risques environnementaux tels que les inondations soudaines ;
- Réduction des sans-abris ;
- Élimination des embouteillages :
- Réduction des problèmes de santé mentale ;
- Une meilleure qualité de l'éducation publique parce que les classes ne seront pas surpeuplées et que le matériel nécessaire sera mis à la disposition de tous les élèves ;
- Moins de criminalité ;
- Augmentation de la qualité de vie puisqu'il n'y aura pas de surpeuplement.

Pour environ 250 millions de dollars, nous pouvons construire une ville pour 20 000 habitants. Le financement peut provenir des banques locales, investisseurs locaux et internationales, des subventions venant des grandes institutions financières comme la banque mondiale. Cela représente environ 12 500 dollars par habitant, avec toutes les infrastructures nécessaires pour vivre, recevoir une bonne éducation, trouver un emploi, et avoir la possibilité de participer au commerce, aux divertissements et aux activités religieuses.

CRÉER UN NOUVEAU SYSTÈME DE GOUVERNANCE

Au Sénégal et dans presque toute l'Afrique subsaharienne, la mauvaise gouvernance est l'une des principales raisons pour lesquelles non seulement ces pays ne progressent pas, mais aussi reculent. Cette inepte gouvernance a essentiellement engendré les quatre grands problèmes suivants :

- **Manque de responsabilité**
  - Lorsqu'il y a un problème, il est difficile de déterminer qui est en charge et qui devrait être tenu responsable et conséquemment sanctionné. L'impunité permet de lutter efficacement contre les écarts de gestion.
- **Manque de transparence**
  - Tout est confus en raison de l'institution systémique de systèmes déficients qui renforcent le chaos permanent.
- **Absence de bonne gestion**
  - Il est difficile de gérer des processus simples et des fonctions de base au sein du Gouvernement.
- **Manque de résultats**
  - C'est le résultat ultime de la mauvaise gouvernance et c'est la raison pour laquelle nous sommes toujours à bout de souffle sur le plan économique et social.

Pour inverser cette tendance désolante, nous devons construire une fois pour toute un système de gouvernance qui aidera notre pays à croître et, par conséquent, à sortir la population de la pauvreté et du calvaire journalier. Nous pouvons le faire et c'est possible. Nous devons simplement avoir le courage de le mettre en pratique.

Voici ce qu'on doit faire !

47. RENFORCER LA NOTION DE RESPONSABILITÉ DANS NOTRE GOUVERNEMENT

Chaque administration aura des objectifs spécifiques. Ces objectifs peuvent avoir été établis au cours d'un processus électoral ou par la conviction du leader. Qu'il s'agisse d'un Président, d'un Gouverneur ou d'un Maire, ce chef doit instiller la notion de responsabilité dans l'exécution de ses objectifs. C'est une chose d'avoir un objectif et une autre d'avoir les moyens de les réaliser. Sans responsabilité, ces objectifs ne seront pas atteints. Il s'agissait essentiellement d'idées sans les mécanismes permettant de les concrétiser.

Imaginons qu'un nouveau dirigeant a été élu (président, ou maire). Il ou elle a promis beaucoup de bonnes choses au cours d'une élection. Maintenant que ce leader a été élu, il est temps de se mettre au travail. Il/elle constituera une équipe et partagera ses objectifs. Cet homme/femme politique est essentiellement devenu un manager avec plusieurs employés. C'est un peu comme si cette personne dirigeait une organisation qui a des objectifs spécifiques à atteindre.

Pour que ces objectifs soient atteints, l'état d'esprit de l'équipe doit être calibré dès le départ autour des concepts suivants :

Chaque manque de performance sera réglé immédiatement

Un bon leader ne doit jamais hésiter à confronter son équipe. Il doit toujours signaler les lacunes et les erreurs pour obtenir un résultat positif. Il doit réagir forcément si leurs performances ne sont pas à la hauteur. La société polie abhorre la confrontation, et tout ce qui y ressemble devient aussitôt une violation du décorum acceptable. Le chef doit faire abstraction de cette convention. Si vous marchez trop souvent sur des coquilles d'œuf, vous risquez de vous retrouver avec des petits morceaux coincés entre les pieds. Le chef doit être très clair sur ce qui ne marche pas.

La meilleure façon d'établir la notion de la responsabilité est de confronter ouvertement et directement ses employés au lieu de passer par des mémos, des courriels ou d'autres moyens intermédiaires.

Cela peut même les déstabiliser. Ce n'est pas grave, car cela ouvrira probablement une ligne de communication plus honnête dans les deux sens. Cela ne doit en aucun cas être considéré comme sévère. La confrontation avec ses employés est nécessaire pour un certain nombre de raisons. Si elle est faite avec tact, elle peut même inciter un membre de l'équipe à se dépasser dans le futur. Un retour d'information négatif peut être apprécié lorsqu'il est bien exécuté. La responsabilité est une véritable honnêteté. Elle donne au membre de l'équipe la possibilité de s'améliorer dans des domaines où il peut faire défaut. Cette pratique est bien meilleure que la stratégie inefficace du manager qui souhaite éviter ce qu'il estime être une "confrontation". Le mécontentement du manager nerveux face à des performances insatisfaisantes transparaîtra, malgré une tentative d'éviter la confrontation. Il apparaîtra comme un comportement agressif passif et créera probablement un fossé entre le patron et l'employé. Cela va à l'encontre de la promotion d'un environnement d'équipe fructueux et nuit généralement à la crédibilité de l'encadrement. À l'inverse, faire part de vos préoccupations à un employé de manière sévère mais respectueuse est toujours la meilleure approche. Cela ne signifie pas que, lorsqu'il prend des mesures correctives, un responsable doit dorloter l'employé. Il n'y a pas de place pour les "gants d'enfant" dans le répertoire du bon dirigeant.

Parfois, une confrontation régulière ne permet pas toujours de faire le travail. Il est temps d'augmenter le volume. Plus il est fort, plus les dommages seront graves. La confrontation ultime consiste à laisser partir quelqu'un. À ce stade, l'individu est au-delà de toute aide. Cependant, elle enverra un message fort et clair à tous les autres. Lorsque les objectifs ne peuvent être atteints, il faut procéder à des changements. La confrontation permanente est l'une des méthodes les plus efficaces pour maintenir les employés en alerte lorsqu'ils exercent leurs fonctions. Ce leader pourra obtenir un large soutien pour ses directives. Il sera en mesure de communiquer sa vision à l'équipe. Il sait que les membres de cette équipe peuvent avoir de grandes idées pour améliorer l'efficacité en première ligne, et il est capable de reconnaître et de mettre en œuvre ces améliorations sans nuire à sa propre crédibilité. Il ne laissera cependant pas les "employés" penser qu'ils peuvent opérer à leur guise.

Une "organisation/pays" remplie d'employés complaisants n'arrivera à rien. Lorsqu'ils sont trop à l'aise, ces travailleurs peuvent croire qu'ils n'ont pas à accomplir grand-chose pour conserver leur emploi. Ainsi, un dirigeant fort doit toujours rester vigilant et comprendre qu'un emploi s'accompagne avec des responsabilités particulières. S'ils ne sont pas en mesure d'accomplir leur tâche, ils seront remplacés par des personnes qui sont à la hauteur. C'est aussi simple que cela. C'est le courage dont nous avons besoin chez nos dirigeants. Nous avons tendance à maintenir des gens dans des positions où ils ne peuvent pas atteindre les objectifs établis. Soit, ils n'ont pas la compétence ou l'intelligence pour l'exécution optimale. Nous devons accepter que, pour que notre nation aille de l'avant, seuls les meilleurs des meilleurs devraient être engagés, en particulier aux niveaux supérieurs des gouvernements. Une « organisation » remplie d'employés complaisants n'accomplira rien. S'ils sont incapables de réaliser leurs objectifs, ils seront remplacés par des personnes capables. Même si quelqu'un était un fidèle partisan ou a contribué énormément à l'élection de ce leader… Cela ne devrait toujours pas avoir d'importance. Il ne devrait pas obtenir ce poste au sein de l'administration en raison de son aide ou de sa loyauté passée. Plus encore, il doit être licencié immédiatement si de mauvaises performances ont été affichées. **Chacun doit être responsable et chacun doit également être remplaçable.**

48. RENFORCER LA TRANSPARENCE FINANCIÈRE DANS NOTRE GOUVERNEMENT

La transparence est absolument essentielle dans notre gouvernement. Beaucoup de gens dans notre pays croient que le Gouvernement s'engage dans des pratiques douteuses dans sa manière de mener ses affaires. La raison pour laquelle tant de gens pensent ainsi est les questions permanentes liées à la budgétisation et aux dépenses. C'est essentiellement dans ce domaine que la transparence devrait être à son maximum.

Et pour cause, ils croient que :
- L'argent alloué aux dépenses établies ne va pas là où il devrait aller ;
- Ceux du gouvernement ne dépensent pas judicieusement ;
- Il n'y a pas de retour sur investissement pour certains projets
- Ceux qui gèrent la richesse nationale s'engagent constamment à des fraudes et vols

Voici un modèle global qui peut instaurer une transparence totale et une saine gestion financière au sein du gouvernement :

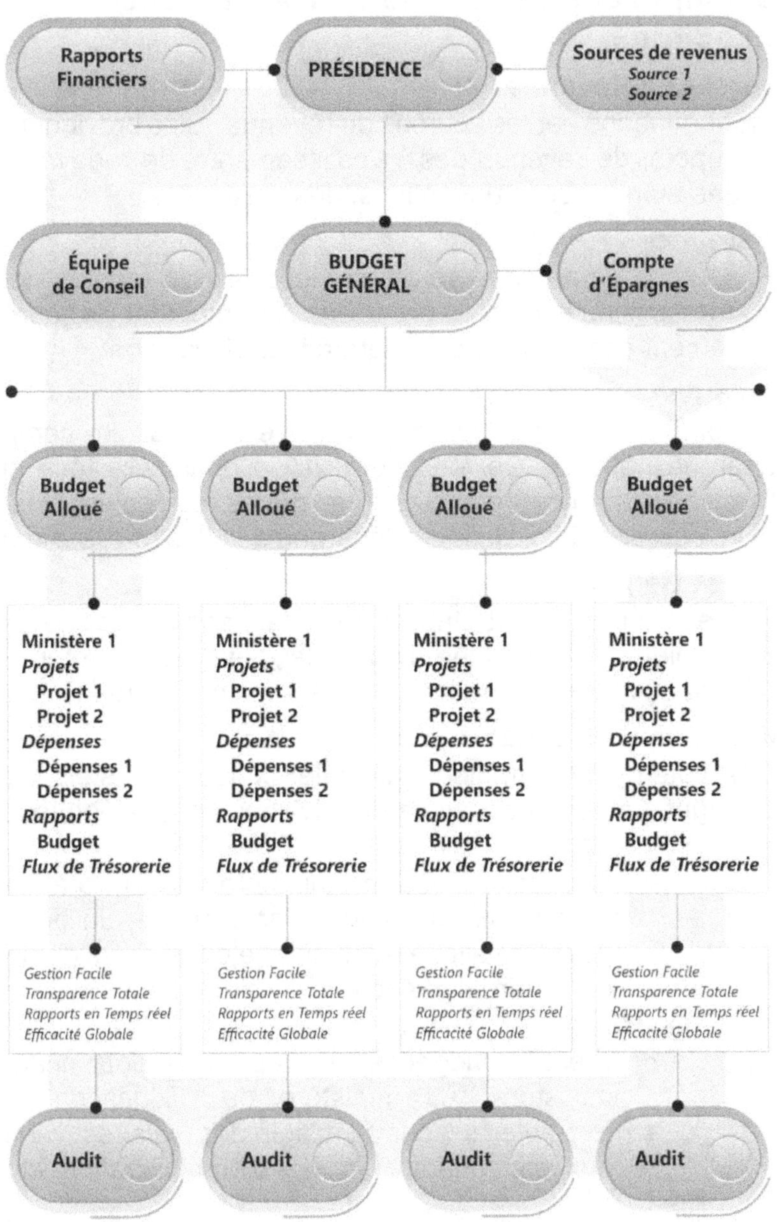

Rapports Financiers
PRÉSIDENCE
Sources de revenus
Source 1
Source 2
Équipe de Conseil
BUDGET GÉNÉRAL
Compte d'Épargnes
Budget Alloué
Budget Alloué
Budget Alloué
Budget Alloué
Ministère 1
Projets
Projet 1
Projet 2
Dépenses
Dépenses 1
Dépenses 2
Rapports
Budget
Flux de Trésorerie
Ministère 1
Projets
Projet 1
Projet 2
Dépenses
Dépenses 1
Dépenses 2
Rapports
Budget
Flux de Trésorerie
Ministère 1
Projets
Projet 1
Projet 2
Dépenses
Dépenses 1
Dépenses 2
Rapports
Budget
Flux de Trésorerie
Ministère 1
Projets
Projet 1
Projet 2
Dépenses
Dépenses 1
Dépenses 2
Rapports
Budget
Flux de Trésorerie
Gestion Facile
Transparence Totale
Rapports en Temps réel
Efficacité Globale
Gestion Facile
Transparence Totale
Rapports en Temps réel
Efficacité Globale
Gestion Facile
Transparence Totale
Rapports en Temps réel
Efficacité Globale
Gestion Facile
Transparence Totale
Rapports en Temps réel
Efficacité Globale
Audit
Audit
Audit
Audit

Décomposons ce modèle de transparence financière !

Sources de Revenus :

Tout commence par les sources de revenus. Elles proviendront des impôts, de revenus des investissements, de redevances perçues au port, des subventions, des prêts, etc.

Présidence

Les sources de revenus seront compilées et le montant total sera transmis au bureau du président. À ce moment, ils sauront exactement combien d'argent sera à leur disposition.

Épargnes

Une partie de cette somme sera versée sur le compte d'épargne national. Ce fond sera utilisé pour faire face aux dépenses d'urgence, rembourser les dettes nationales, et faire des investissements. Un taux d'épargne de 10 à 15 % est idéal.

Budget Général

Le bureau du Président établit maintenant son budget général et l'envoie à l'Assemblée Nationale pour qu'ils votent et décident où allouer ce budget à travers les ministères.

Allocation du Budget

Après vote de l'Assemblée Nationale, chaque ministère aura un budget. Leurs dépenses seront divisées en 2 catégories :

- Projets
  - Ceci est alloué à certains projets pour atteindre un objectif spécifique. Par exemple, un budget peut être alloué au ministère de l'Éducation pour construire une école.
- Dépenses
  - C'est le budget régulier approuvé pour chaque ministère. Au ministère de l'Éducation, par exemple, il pourrait s'agir des salaires versés aux enseignants, les frais d'administration, etc.

Rapports

Chaque ministère devra également fournir sur une base trimestrielle ses dépenses budgétaires par rapport au budget alloué et son flux de trésorerie actuel et estimé jusqu'à la fin de l'année.

Si tout ce modèle est mis en place, voici les résultats et avantages suivants :

- **Gestion facile**
  - La gestion du budget global sera simple parce qu'il s'est stratégiquement divisé en éléments gérables.
- **Transparence totale**
  - Tout le monde saura ce que chaque ministère doit dépenser, combien il a dépensé, quel est le budget actuel et quel est son flux de trésorerie prévu.
- **Rapports en temps réel**
  - Une composante majeure de ce système est l'établissement et l'activation d'une plateforme complète de gestion financière. Depuis des années, le gouvernement Sénégalais travaille sur un logiciel de ce type et il ne marche toujours pas. Néanmoins, la technologie est disponible ailleurs et peut être développée et déployée en peu de temps.
- **Efficacité globale**
  - L'idéal général de tout système à déployer est d'instiller une efficacité continue. Le modèle obligerait tout le monde dans l'écosystème à bien faire et à le faire vite parce que tous les yeux seront rivés sur eux.

Audit

Une vérification solide et indépendante doit avoir lieu tous les 6 mois pour chaque Ministère. Ils vérifieront si :

- Ils dépensent leur budget alloué selon les instructions ;
- Ils fournissent les preuves de toutes les dépenses ;
- Leurs objectifs établis sont atteints dans l'espace de temps établi ;
- Ils n'ont commis aucune fraude ou abus.

Rapports financiers
Une fois l'audit achevé, et si les chiffres sont valables et exacts, les rapports financiers seront envoyés en amont de la chaîne au bureau du président pour une vérification.

Équipe de Conseil
Pour que ce modèle fonctionne globalement, un conseil consultatif externe devrait examiner non seulement les rapports financiers mais aussi conseiller le Président sur ce que ces chiffres signifient et ce qui à faire. Ce groupe de conseillers doit être complètement indépendant et doit faire appel à des experts en comptabilité, en finance, en banque, en décideurs et à d'autres personnes qui ont fait preuve d'une profonde maîtrise du monde financier.

49. BÂTIR UNE SAINE GESTION AU SEIN DU GOUVERNEMENT

En termes de leadership, ce qui manque actuellement dans notre gouvernement, sont ces trois éléments fondamentaux : **PLANIFICATION, VISION** et **DIRECTION.**
Les dirigeants en général qui se concentrent sur ces principes seront prêts à faire face aux éventualités futures et à assurer une chance de succès à long terme pour notre pays.

Aucune autre tâche, quelle que soit l'importance perçue, ne devrait prévaloir au sommet de ces principes fondamentaux. Tous les autres éléments du succès du pays sont épinglés ou inextricablement liés à ces trois concepts ; nos dirigeants doivent les utiliser comme principes directeurs et nous amènerons le Sénégal au sommet. Les dirigeants des pays mal gérés manquent généralement de discipline pour garder le cap sur cette approche fondamentale. Ils ne s'en tiendront pas au programme. Les tangentes pseudo-importantes prennent souvent le dessus, et les leaders inefficaces perdent de vue les priorités générales au profit de tâches moins importantes. Lorsqu'ils s'en tiennent en fait à ces principes, ils commenceront automatiquement à résoudre les problèmes institutionnels à l'intérieur du pays.

Tout au long de l'année, un leader distrait prendra part à d'innombrables activités mesquines tandis que les principales tâches sont ignorées. Les gens l'utilisent souvent inconsciemment comme tactique pour éviter des problèmes plus urgents et des responsabilités urgentes. C'est comme le gestionnaire qui enterre sa tête dans le sable en faisant l'inventaire des fournitures comme une mesure pour remédier aux dépassements de coûts et les pénuries budgétaires.

Vous pouvez comparer cela au capitaine d'un bateau qui va mettre le navire sur une trajectoire spécifique, et procéder à courir jusqu'à la salle des machines pour s'assurer que l'équipage gère les machines au-dessous correctement. Il se précipite ensuite vers l'ingénieur pour confirmer que tous les pistons, pompes et cylindres sont en bon état de fonctionnement. Ensuite, il vérifie la cargaison, parce qu'il veut confirmer que tout a été chargé et correctement sécurisé. Entre-temps, le bateau a considérablement dévié de sa route. De retour à la barre, le capitaine doit effectuer des ajustements majeurs pour ramener le navire sur sa trajectoire.

Les mesures correctives sont le *modus operandi* pour le capitaine, dans ce scénario, a réussi à éviter une collision avec un iceberg alors qu'il était loin de la roue. Le bateau et son équipage peuvent se retrouver avec la chance d'arriver à leur prochain port d'escale, mais il y a de fortes chances qu'ils aient passé beaucoup de temps hors de la route qui était établie au début. Chaque instant qu'il passe loin de la chaise de capitaine, le bateau s'écarte de sa trajectoire conçue. Ces dirigeants manquent en quelque sorte le fait que la majorité de leurs fardeaux sont causés par leur incapacité à assumer pleinement leurs principales responsabilités.

Le phénomène de sapeurs-pompiers :
En vérité, de nombreux dirigeants se comportent comme des pompiers plutôt que comme des leaders. Ils passent la majorité de leurs journées à essayer d'éteindre des feux (résoudre des problèmes) plutôt que de créer une plate-forme efficace comme décrit ci-dessus. Ces types de leaders finissent par fonctionner dans une bulle, inconscients de la véritable cause

de tous les incendies qui ont besoin d'être éteints. Ces dirigeants sont incapables d'assimiler ou de comprendre l'essence de diriger un pays par le haut au lieu du bas ou entre les deux.

Planification

Soyons réalistes. Aucun dirigeant n'arrivera à des résultats performants s'il ne planifie pas correctement. Des projets les plus complexes aux tâches les plus simples, les résultats sont toujours meilleurs lorsqu'ils sont accompagnés ou organisés par un plan cohérent. Toute structure commence par un plan. Dans cette optique, comparez la planification à long terme à la liste des tâches à accomplir.

Une semaine de travail efficace est gérée par une liste de tâches périodiques. Une liste de tâches fait toujours partie d'un plan plus global de gestion du temps. Il existe suffisamment de livres sur ce sujet pour qu'il ne soit pas nécessaire de s'étendre ici. Pour notre discussion, nous partirons du principe qu'un dirigeant a mis en place ou a accès à une méthode de planification appropriée. Nous supposerons également qu'une planification et une gestion du temps efficaces sont d'une importance capitale. Nous savons que cela est vrai. La gestion du temps est invariablement liée à une planification efficace. Les deux concepts sont interdépendants.

La seule façon d'utiliser chaque seconde à bon escient est d'adopter une planification claire, concise et efficace. En général, nous cherchons à avoir une idée des grands projets qui doivent être réalisés dans une période donnée. En fait, ce sont les BUTS. Pour les décomposer en vue d'une consommation ultérieure, le chef peut répartir certains éléments de son itinéraire chaque lundi matin en morceaux facilement digestibles pour la semaine. Ce sont essentiellement ses OBJECTIFS. Les listes des choses à faire au niveau des processus qu'il génère chaque matin l'aident à rester sur la bonne voie pour atteindre ces objectifs. Les objectifs organisationnels fonctionnent à peu près de la même manière. C'est une excellente comparaison avec la façon dont on planifierait efficacement les buts et objectifs d'une entreprise ou d'un pays.

Voici quelques exemples de planification efficace :
- Fixer des objectifs spécifiques pour aboutir aux buts à long terme ;
- Fixer des objectifs qui serviront de repères vers les objectifs ;
- Élaborer des stratégies pour les possibilités de saisir de nouvelles opportunités ;
- Identifier des défis futurs et des changements considérables dans l'environnement national et mondial.

Vision

La vision est celle que nous avons du pays dans le futur. Une déclaration de vision bien développée peut devenir une forte incitation pour la nation et ses dirigeants à travailler plus dur pour l'accomplir. Une déclaration de vision typique peint un tableau de l'avenir qui est plus que probablement meilleur que le tableau actuel. En substance, les gens aiment travailler dur pour quelque chose qu'ils considèrent comme ayant du potentiel. Une déclaration de vision est également un organisme vivant, qui peut être mis à jour et modifié en fonction de l'évolution des facteurs internes et externes. Il est dynamique. Il peut croître et changer en même temps, mais il doit toujours être réalisé avec une image claire du résultat souhaité. C'est là que de nombreuses déclarations de vision présentent des déficiences, car elles ne sont pas rédigées avec une évaluation honnête de la situation du pays. Il s'agit simplement de quelque chose de fantaisiste à mettre sur des panneaux d'affichage pour que les gens le voient. Une fois de plus, soulignons que l'objectif de la déclaration de vision est de fournir une orientation au pays lui-même, et non de faire de l'esbroufe. Cette dernière préoccupation est secondaire. Soyons donc honnêtes, réfléchis et réalistes dans la création de la vision et impliquons les acteurs les plus importants de la vision ... la population. Ils seront en mesure de nous apporter une contribution extrêmement précieuse dans cette tâche. Un bon dirigeant consacrera un certain temps tout au long de la semaine à la réflexion sur la vision. Cela lui aidera à comprendre la raison pour laquelle a ce poste et pourquoi il travaille. C'est essentiellement sa motivation interne qui le pousse à sortir de son lit chaque jour et à poursuivre la CHOSE qu'il veut accomplir avec la population.

Direction

Un leader aura besoin d'une carte en même temps qu'un plan. Il doit connaître le chemin le plus court pour atteindre la destination souhaitée. Il aura également besoin d'une boussole, car il se peut qu'il ne sache pas quelle direction il doit indiquer avant de commencer à marcher. La direction représente les itinéraires spécifiques à suivre pour atteindre la vision. La stratégie de la Direction doit être claire, réalisable et systématiquement ajustée en fonction de l'évolution des situations et des événements. Tout comme les atlas routiers ont fini par se transformer en GPS sur nos smartphones. La stratégie de direction doit également évoluer.

50. CONSTRUIRE UN MODÈLE GOUVERNEMENTAL FONDÉ SUR LES RÉSULTATS

La raison pour laquelle nous essayons encore de résoudre les mêmes problèmes qu'on avait il y' a 20 ans est que notre système de gouvernement n'est pas fondé sur l'obtention de résultats. Nous parlons et nous parlons, mais en fin de compte, nous sommes toujours là où nous étions. Pour changer de cap, nous devons changer les problèmes structurels inhérents que nous avons. Nous pouvons provoquer ces changements en instaurant un modèle de systèmes et de contrôles.

Illustrons ce concept en prenant la "voiture" comme exemple. Les voitures sont construites avec des milliers de pièces. Ces pièces doivent fonctionner parfaitement ensemble pour que le système global de la voiture continue de fonctionner. La voiture est un système qui nous amène d'un point à un autre. Pour atteindre cet objectif en toute sécurité et correctement, la voiture a besoin d'un ensemble distinct de systèmes et de contrôles.

Les systèmes sont simplement le moteur d'un pays. Prenons, par exemple, le véhicule appartenant à un malheureux individu nommé Sam. Sam n'a pas pu élaborer un plan d'action pour sauver sa vie. Ses factures sont normalement en retard, ses performances au travail sont médiocres, ses interactions sociales et de romance sont pratiquement inexistantes, et certains éléments de son apparence amèneraient à conclure que son hygiène personnelle ne laisse pas beaucoup à désirer. Cependant, Sam est capable de conduire sa voiture d'un endroit à l'autre. La voiture est l'une des inventions les plus dynamiques et les plus bouleversantes que le monde n'ait jamais vues. Une collection extrêmement complexe et fascinante de dispositifs interactifs qui fonctionnent tous en accord pour faire son travail. Sam ne peut pas expliquer une seule chose sur cette invention, si ce n'est qu'il se rend compte qu'elle lui permet de se déplacer d'un endroit à l'autre.

Le véhicule de Sam possède un moteur dont de nombreuses pièces sont interconnectées pour un fonctionnement efficace de son véhicule. Le système de freinage est chargé de ralentir la voiture ou de l'arrêter complètement si nécessaire. Le système de refroidissement est responsable de fournir une aération suffisante pour que son véhicule ne surchauffe pas. Le système de transmission est responsable de fournir suffisamment de puissance pour que sa voiture puisse prendre de la vitesse et parcourir de longues distances. La pompe à essence doit fournir la bonne quantité d'énergie pour que le véhicule reste en marche. Les systèmes ci-dessus ne sont que quelques-uns des systèmes qui composent le véhicule de Sam.

Chaque fois que Sam démarre sa voiture, des centaines de procédures entrent en vigueur pour faire fonctionner son moteur. La plus belle réalité du véhicule de Sam est qu'il n'a jamais à dicter à son moteur comment exécuter ses fonctions habituelles. Le moteur sait quelles procédures suivre et quelles actions entreprendre dès que Sam tourne la clé dans le contact. Cet excellent partenariat est possible parce que le constructeur automobile de Sam a mis en place les systèmes du moteur bien avant son arrivée sur le garage de Sam. En raison des systèmes déjà construits dans la voiture de Sam, il lui suffit de lui fournir un entretien régulier pour qu'il puisse l'utiliser pendant des années. En outre, une autre personne que Sam peut conduire le véhicule et il fonctionnera exactement de la même manière. Le malheureux Sam, perpétuellement malade et malchanceux, est capable d'accomplir ce qui aurait été un miracle il y a à peine un siècle.

Les bons dirigeants s'efforceront de construire les systèmes de leur pays comme les moteurs de voiture afin que même les « Sams » du monde soient en mesure de prendre les rênes si nécessaire. Les pièces seront construites pièce par pièce et tous les mécanismes nécessaires seront en place bien avant qu'un employé ne soit tenu d'accomplir une tâche. Pour de bonnes raisons, ils placent leurs employés dans un cadre dans lequel ils ne peuvent pas modifier le cours prédéterminé ou débattre sur le prochain plan d'action. Tout comme les voitures, les systèmes représentent les ensembles de structures qui doivent prendre effet en coordination avec des commandes prédéterminées pour faire fonctionner une structure efficacement. Si de véritables systèmes et contrôles sont en place, un leader pourra déléguer pleine autorité à toute personne et aura la sureté que les activités seront exécutées à un niveau maximal d'excellence.

Toutefois, il faut veiller à ne pas confondre les systèmes avec les procédures standard. En réalité, les procédures standard sont les manuels que l'on utilisera pour faire fonctionner les systèmes. La plupart des institutions n'ont que des procédures standard. Sans systèmes, les procédures standard n'ont aucun sens car elles se résument à une multitude de règles dont les chances de mise en œuvre sont limitées. En conséquence, ces institutions sont toujours confrontées à des problèmes d'efficacité et de cohérence. Leur problème majeur ne réside pas dans leur capacité à rédiger de nombreuses règles et réglementations, mais dans leur incapacité à construire un modèle opérationnel toute l'année et dans tous les types d'activités.

Si la vision identifie une opportunité, les systèmes et les contrôles rendent possible l'arrivée à ce point. Le chemin qui mène du présent au succès final. Les systèmes et les contrôles permettront au dirigeant de maintenir le pays sur la bonne voie. Fondamentalement, chaque tâche sera exécutée avec des protocoles établis et des mécanismes de contrôle pour s'assurer qu'ils seront suivis à la lettre.

CONCLUSION

Nous reconnaissons que chaque pays aura sa part de problèmes. Certains peuvent être confrontés à des guerres, à la famine, à des troubles civils, à des dépressions économiques, et la liste est encore longue. Chacun de ces pays tentera d'y faire face avec les outils et les ressources dont il dispose, l'intelligence et la compétence de ses dirigeants, le courage et la détermination de sa population. Certains ont pu résoudre très rapidement leurs problèmes systémiques et sont maintenant sur la voie de la réussite et de la prospérité. Et d'autres sont encore accablés par le chaos et le désespoir constant. Au Sénégal, cependant, nous n'avons pas le type de problèmes qui sont si accablants que nous ne pouvons pas commencer à les résoudre immédiatement. De plus, nous avons beaucoup d'avantages. Nous avons eu la chance de bénéficier d'une paix permanente, nous sommes stratégiquement bien placés sur le continent africain et nous avons une nation remplie d'individus intelligents qui veulent travailler et réussir. Ainsi, nous avons tout ce qu'il faut pour tourner la page et amener une nouvelle ère remplie de de sécurité économique, de prospérité, et d'une meilleure qualité de vie de ses citoyens.

Comme nous l'avons illustré tout au long du livre, pour amener cette nouvelle ère, nous devons :

1. Créer Un Nouveau Moteur Économique
2. Devenir Une Nation De Patriotes
3. Créer Un Nouveau Système Éducatif
4. Créer Un Nouveau Contrat Social
5. Devenir Une Nation De Loi Et D'ordre
6. Construire Des Villes Intelligentes
7. Créer Un Nouveau Système De Gouvernance

Maintenant, nous devons nous mettre au travail. Nous devons tous participer à la mise en œuvre de ce plan.

- ▶ Faisons-le pour chacun de nous
- ▶ Faisons-le pour nos enfants
- ▶ Faisons-le pour la prochaine génération

Que feras-tu aujourd'hui et comment aideras-tu ton pays à TOURNER LA PAGE ?

9 798720 386504